날마다 하는 일

날마다 하는 일

이 정 길 수필집

글빛문화원

▣ 머리말

대학의 첫해 교양 과정을 마친 뒤 겨울 방학 석 달 동안을 시골 집의 골방에 틀어박혀 두문 불출하고 영어에만 매달렸다. 중고등학교 영어 교과서를 몇 번이고 되풀이해 읽고, 당시 영어 공부에 많이 사용되던 『삼위 일체』의 후반부를 책장이 너덜거릴 때까지 넘겼다. 읽고 또 읽다 보니 문리가 트여 초보자의 영어 교재 딕슨 시리즈에 실린 단편 소설에 맛을 들였다. 앉은 자리에서 짧은 시간 동안 읽기에 알맞아 「큰바위 얼굴」 「마지막 잎새」 「마지막 수업」 등을 여러 번씩 읽었다.

제임스 해리엇 (1916~95) 은 영국의 글래스고 수의과 대학을 졸업한 뒤 북 요크셔에 있는 동물 병원에서 일했다. 수의사 생활을 단편 소설의 소재로 삼아 쓴 그의 글들이 1970년부터 책으로 묶여 나오기 시작하여 1981년에 나온 일곱 번째 책까지 모두 영국의 베스트 셀러가 되었다. 그의 모든 글이 나중에 네 권의 선집으로 묶여 북 요크셔를 관광지로 만들어서, 'James Herriot 컨트리 관광 프로그램'을 탄생시키기도 했다.

글의 주제는 모두가 병든 동물의 상태, 치료 그리고 나아가는 과정이다. 어려움을 이겨 내면서 상황에 따라 기지를 발휘하고, 많은 시간과 힘을 들여 치료한 기록이다. 내 전공과 일치하여 그의 글 일부를 유학 중에 탐독하면서 단편 소설을 더욱 좋아하게 되었다.

아름다운 북 요크셔 자연 경관의 묘사와 함께 아들도 커서 수의사가 된 사실은 그가 어려움을 직업 의식으로 승화하여 얼마나 직무에 충실했는지 알 수 있게 한다.

정년 퇴직 후의 이방인 생활이 자연스럽게 글쓰기로 이끌어 나는 날마다 수필을 쓴다. 실제로 경험한 세상이나 생각한 내용을 자유로운 형태로 쓴다. 세상을 받아들이고 지식을 얻기 위하여 시작한 일이 삶의 일부가 되었다. 쓰기는 덤으로 가까이 있는 일만 해야 한다는 것이며, 나 자신을 순간에 완전히 바쳐야 한다는 것도 수시로 일깨운다.

마음과 행실을 바르게 닦아 수양하지 않은 채 남이나 세상을 위해 활동하거나 무언가를 하려는 사람은 남에게 줄 것을 아무것도 갖고 있지 않다고 했다. 좋은 글은 도덕적 행위의 주체로서, 진위나 선악을 판단할 수 있는 능력과 자율적 의지 등을 가진 존재에게서 나온다고도 한다. 활동과 명상이 조화를 이룬 내 일상에서 좋은 글을 쓰려고 애쓰지만 과연 헛일이 되지나 않을지 의문이다.

2025년 1월

뉴멕시코 주 앨버커키에서

이 정 길

목 차

■ 머리말 / 5

제1부

걱정스러운 일 / 14

곤충 / 18

배양육 / 22

버려지는 식품 / 26

손실과 피해의 보상 / 30

역대에 가장 더웠던 달 / 34

옥상의 정원 / 38

잘못된 정보 / 42

희망 / 46

목 차

제2부

뉘우침 / 52

도로의 이름 / 56

미국을 재편하는 노인들 / 60

미국의 참전 용사들 / 64

삼독 / 68

앙겔라 메르켈 / 72

인간의 본성 / 76

정의로운 결정 / 80

효도 / 84

제3부

계획 / 90

실패의 교훈 / 94

예산 세우기 / 98

자유와 평등을 넘어서 / 102

지표 생물 / 106

질문 / 110

출산율 / 114

편견 / 118

행복 / 122

목 차

제4부

군사부 일체 / 128

놀이 / 132

사고의 근원 뇌 / 136

생각 / 140

운전 면허 / 144

인간의 오랜 친구 / 148

자아 비판 / 152

장진호 전투 / 156

주방의 수인 / 160

CONTENTS

제5부

건강 정보 / 166

걷기의 이점 / 170

끼니때 / 174

내성균 / 178

뒷걸음질 / 182

만성 통증 / 186

삶에 긴요한 휴식 / 190

알츠하이머병 / 194

잊혀졌던 치료법 / 198

목차

제6부

1963년 / 204

나이 들어 좋은 것들 / 208

반거충이 / 212

시간 활용 / 216

이미 써먹은 말 / 220

일과 / 224

적소 / 228

제3의 눈 / 232

한 조각의 천 / 236

제1부

걱정스러운 일

곤충

배양육

버려지는 식품

손실과 피해의 보상

역대에 가장 더웠던 달

옥상의 정원

잘못된 정보

희망

걱정스러운 일

　유엔 기후 변화에 관한 정부 간 협의체 IPCC 회의가 2023년 3월 20일 스위스 인터라켄에서 열렸다. 기후 변화를 과학적으로 규명하여 대처하기 위해 세계 기상 기구 WMO와 유엔 환경 계획 UNEP 등이 공동으로 1988년에 설립한 국제 협의체다. 5~7년마다 총회를 개최하여 내놓는 보고서는 유엔 기후 변화 협약의 정부 간 협상 근거 자료로 활용되며, 기후 변화에 대응하거나 적응하는 길잡이로 쓰인다. 이번의 제6차 보고서에는 최근의 현황과 추세, 기후 변화가 미칠 장기적 영향, 2030~2040년까지의 단기 대응책이 제시되어 있다. 인간의 활동이 지구 온난화를 초래했으며, 온난화를 일으키는 주된 방식은 온실 가스 배출이라는 사실도 명백히 밝히고 있다.

　기온 상승이 초래할 염려스러운 일들이 나열되었다. 37쪽에 달하는 대요의 중간에는 회피할 수도 복구할 수도 없는 갑작스러운 변화가 발생할 수 있다고 피력되어 있다. 위급한 상황에 대한 조처에도 불구하고 가뭄과 홍수 같은 갑작스러운 큰 재앙에 직면하게 될 수 있음을 경고한 것이다. 그러한 재앙이 지구촌을 원래의 상태로 되돌릴 수 없게 만들어 버릴 시점이 다가오는 것은 분명한데, 언제 어떻게 닥칠지에 대해서는 아는 것이 너무 적다는 사실 (known unknowns) 이 생각만 해도 끔찍하다. 확실하게 알지 못한다는 것을 과학자들이 시인하고 있어서 염려스럽다.

난류는 북부로 한류는 남부로 이동하여 지구의 열을 전달하는 중요한 바닷물의 흐름을 대서양 자오선 역전 순환류 Atlantic Meridional Overturning Circulation라고 부른다. 그 해류는 대서양의 온도와 그에 따른 북미의 기온을 조절하는 중요한 장치인데, 한류가 심해로 가라앉으면서 거기에 용해된 이산화탄소를 가두기 때문에 대기 중의 탄소를 제거하는 효과도 가지고 있어 지구 온난화의 방지에도 큰 역할을 한다. 그런데 기후의 변화가 북대서양 대류에 이상을 초래하고 있다. 과학자들은 그 해류가 2100년 이전에 갑자기 붕괴되지는 않을 것이라고 확언하기 어렵다고 한다. 그것이 붕괴되면 기상 상태가 크게 바뀌어 사람의 활동이 아주 혼란스러워질 것이 분명하다.

해수면 상승의 크기와 범위도 중요한 문제다. 기후 변화를 무시하고 지금처럼 계속해서 온실 가스를 배출하면 2100년에는 평균 해수면이 1미터 높아질 것으로 예상한다. 게다가 넓은 지역에 두껍게 덮여 있는 얼음의 층이 급속하게 녹는 바람에 정확한 예측이 불가능하여 잘못하면 2미터나 높아질 수도 있다는 것이다. 방글라데시, 파키스탄, 인도네시아, 페루 등 전 세계에 걸쳐 발생하는 홍수는 갈수록 잦아지고 규모도 커지고 있으며, 태평양의 섬나라 사람들은 자기들의 나라가 언제 살 수 없는 곳으로 변할 것인가 걱정되어 불안에 떨고 있는 실정인데…….

지구가 더워질수록 예측하기 어려운 큰 재앙을 더 많이 당하게 된다. 생태계의 손실, 지역 기후의 급격한 변동, 시설의 파괴 등으로 세상이 온통 뒤바뀌고 말 것이다. 그런 재앙이 나타나는 시기가 급변점이다. 보고서는 기후의 변화가 진행됨에 따라 기상의 예측이 얼마나 어려워질 것인가도 서술했다. 식량난이 영농 방법을 바꾸고, 바뀐 영농 방법이 다시 기후에 영향을 미치는 것처럼 한 가지의 변화가 다른 변화와 맞물리면 상상하기 어려운 충격에 빠질 수도 있다.

희소식도 있어 기대해 볼만하다. 탄소의 배출을 줄이는 기술이 개발되고 있으며, 기온의 상승을 막는 데에 더 많이 투자하는 추세다. 여러 나라들이 배기 가스의 양을 감소하기 위해 노력을 기울이고 있고, 기후 변화에 적응하려고 애쓰는 지역 공동체와 협력하고 있다. 유럽 연합은 탄소 국경 조정제 Carbon Border Adjustment Mechanism 을 2023년 10월부터 본격적으로 시행한다. 그 제도에 의해 탄소 중립을 선언한 기업만 입찰할 수 있게 된다. 미국도 탄소 배출량이 많은 기업들에 부담을 지워 수출과 입찰 경쟁에서 불이익을 받게 만들 계획이다.

핵융합은 탄소를 배출하지 않고 방사성 폐기물도 방출하지 않으며 무한대의 깨끗한 에너지를 생산할 수 있는 반응이다. 거기서 얻는 에너지로 발전소를 만들 수도 있어서 우리에게 꼭 필요한 핵반응인데, 여러 가지 기술적인 문제 그중에서도 투입된 에너지보다 더 큰 에너지를 생산하기가 어려워서 '꿈'으로 생각되어 왔다. 청정 에너지로의 변환이 시급히 요청되는 시점을 맞아 국제 차관단이 구성되어 거대한 핵실험을 준비 중이다. 그리고 2022년 말에는 몇 군데의 연구소에서 아직 미미하지만 '순에너지 확보'에 성공하여 실리콘 밸리 거부들의 주목을 받고 있다. 꿈의 실현 쪽으로 한 걸음씩 다가가고 있음을 느끼게 한다.

살만하고 지속할 수 있는 인류의 미래를 확보할 기회의 창은 빠르게 닫히는데 우리의 노력은 아직 충분하지 못하다고 보고서는 지적한다. 온실 가스 배출을 피하거나 감축하는 기술 개발로 경제적 효과를 내는 방식과 지금까지의 기후 변화에 적응하는 방식을 통합하는 탄력적 개발을 해법으로 제시한다.

늦어 버리기 전에 가능한 모든 방법을 동원하여 청정 에너지로 전환해야 한다. 배기 가스를 줄일 뿐만 아니라 대기 중에 존재하는 탄소도 포집해야 한다. 자연은 광합성이라는 기술을 창조하여 식물로 하여금 대기 중의 탄소를 흡수해서 토양에 저장하게 만들어 주었다. 기후 변화에 대응하는 보다 더 야심찬 공약이 요구되는 시점이다.

곤충

우리가 살고 있는 세상을 제대로 지탱해 주는 것은 곤충이라고 할 수 있다. 시간의 흐름 중에 어느 시점에나 곤충은 날고, 기고, 공중에 떠 있고, 떼지어 행진하고, 흙을 파며 나아가고, 물속을 헤엄친다. 지구상에 존재하는 곤충의 수는 보통 사람의 생각으로는 미루어 짐작할 수 없을 만큼 많다. 학자들은 10 quintillion으로 추정하는데 수의 단위 중 가장 그 값이 큰 퀸틸리언은 1에 0이 18개 붙은 수이며 우리 말로 무량 대수다.

현존하는 모든 동물의 80퍼센트가 곤충이다. 생태계에서 기초적 역할을 하고 있어서 건물의 주춧돌과 같은 존재다. 곤충이 제 역할을 하지 못하면 식물이 번식할 수 없고, 그 식물을 먹고 사는 초식 동물이며 동물을 먹고 사는 육식 동물 그리고 육식을 해야 하는 인간도 모두 살기 어려워진다.

수가 많은데다 형태나 사는 방법도 갖가지여서 사람에게 중요한 수많은 역할을 수행하지만 우리는 곤충이 하는 일에 고마움을 느끼기는커녕 거기서 얻는 이득을 제대로 다 이해하지도 못한다. 크게 다섯 가지로 요약하면, 먹이 사슬에서 새나 물고기의 중요한 먹이가 된다. 음식물 쓰레기나 짐승의 썩은 고기를 분해하여 영양분의 순환을 돕는다. 농작물이나 삼림을 해치는 벌레를 잡아먹음으로써 생산성을 높인다. 꽃을 피우는 식물의 90퍼센트에 가루받이를 해주고 씨앗을 널리 퍼뜨려 준다. 땅을 파면서 움직여 토질을 유지·향상시켜서 식량 생산의 근간이 된다.

자연 연구자, 저자, 교육자로 혁혁한 공을 세운 윌슨 Edward O. Wilson (1929~2021) 박사는 사람이 갑자기 모두 없어지면 지구는 만 년 전의 다분히 평형을 이룬 상태로 되돌아가겠지만 곤충이 모조리 없어지면 환경이 붕괴하여 혼돈 상태가 될 것이라는 말을 남겼다. 개미 연구가 the ant man 라는 애칭을 가졌으며, 근세사에서 두드러진 업적을 남긴 과학자로 인정 받던 그가 곤충의 연구에 평생을 바친 나머지 생각을 정리한 말이었다.

인류는 오래 전부터 곤충을 이용해왔다. 종자 식물의 수분에 이용하는 것이나 양봉업 등은 우리가 익히 아는 일들이다. 누에를 빻아 만든 가루가 혈당을 조절하고, 변비를 개선하며, 피부의 노화를 방지하고, 골다공증을 비롯하여 관절염, 고혈압, 불면증, 숙취 등에 효과를 나타낸다는 사실은 이미 알려졌다. 어렸을 적에 나는 가을이면 논길을 걸으면서 벼메뚜기를 잡았다. 구워 먹고는 하던 메뚜기가 어느 때부턴가 맥주 안주로 인기를 얻기도 했다. 겨울철에는 누에의 번데기도 먹었다.

사람이 먹을 수 있는 곤충이 질이 좋은 단백질, 비타민, 아미노산 등을 함유하고 있는 것으로 밝혀진 지 오래다. 아시아, 오세아니아, 아프리카, 라틴 아메리카의 여러 나라에서 중요한 단백질의 공급원이 되어 식품 생산에 관련되는 물, 토지, 에너지 문제들을 해결할 수 있는 가능성을 제공한다.

우간다에서는 한 때 귀뚜라미를 잡아 팔아서 돈을 버는 일이 유행했다. 처음에는 간을 맞추어 튀겨 먹는 별미였으나 시간이 가면서 5세 미만의 어린이 약 반수의 발육 부전과 1/3에 달하는 여자들이 겪는 빈혈을 없애는 데 도움을 주었다. 그러다가 무분별한 벌채와 기후의 변화로 수가 급격히 줄었다. 그에 대한 대책으로 야생 귀뚜라미를 인공적으로 길러서 번식시키는 방법을 개발하여 전국 99개 마을에 양식장을 설치했다.

사람은 파충류, 양서류, 곤충류 따위에 태고의 공포를 느낀다. 벌레는 불편스러우면서 혐오감을 주기 때문에 진화하는 동안에 자연스럽게 그런 동물을 피해야 한다는 것을 배웠다. 대부분의 경우 충분한 이유가 있기도 하지만 전혀 접하지 못했거나 곤충의 이로움 또는 아름다움을 알아차리지 못했다는 것을 의미하기도 한다.

식용 곤충은 지금까지 그저 식품으로 사용될 수 있는 가능성을 지닌 동물로만 치부되었다. 하지만 지구촌 곳곳에서 곤충을 입에 맞게 가공하여 식품화하는 연구가 활발히 수행되고 있다. 학계, 산업계, 정부 기관 등에서 조리법을 개발하고, 곤충이 가진 영양분이 사람의 건강에 도움이 된다는 사실을 널리 알리며, 육류 식품에의 의존성을 감소할 필요성 등을 이해시킴으로써 곤충을 가공하여 첨가하는 식품에 대한 부정적인 인식을 불식하려고 노력한다. 그 결과 식충성이 증가하면 동물의 복지 향상에는 물론 세계의 식량 문제를 해결하는 데에도 크게 도움이 될 것이다.

지난 2017년에는 독일의 과학자들이 곤충의 수가 급격히 줄어든 것을 알아냈다. 1989~2016년 사이에 무려 77퍼센트가 감소한 것이었다. 그 후 전 세계의 곤충을 조사한 결과 앞으로 2, 30년 사이에 곤충 종의 약 40퍼센트가 사라질 위기에 처할 것으로 추정되었다. 다행히도 모든 곤충의 종에서 나타난 현상이 아니었고, 조사 대상 지역도 한정된 연구의 결과였다. 또 곤충은 번식 기간이 짧아 한 해에 여러 세대를 생산한다.

세계의 인구는 2050년이면 90억에 달할 것으로 예상된다. 식품 생산량도 그에 맞게 증가되어야 한다. 그런데 지구의 온난화는 경작지를 줄이는 등 식품 생산에 부정적으로 작용하고 있다. 부족해지는 식품 공급원을 다양화하려는 대안이 몇 가지 제기되었는데 그중에서 곤충이 가장 큰 주목을 받았다. 각종의 서식 환경에 잘 적응하면서 여러 가지 재료를 혼합하여 건강 식품을 창조하는 능력을 지닌 것이 사람이다.

배양육

    동물 개체나 조직의 일부 또는 미생물을 실험실에서 인공적인 조건하에 발육·증식시키는 것이 배양이다. 지난 몇 년 동안에 동물 조직을 배양하여 식육을 생산하는 기법이 새롭게 떠올랐다. 일명 세포 농업이라고도 불리는 그 기술은 도살하지 않는, 세포에 기반한, 청정한, 실험실에서 증식한, 합성한 등의 단어와 합쳐져 사용되기도 하지만 거기서 생산되는 고기에는 배양육이라는 단어가 가장 널리 사용된다.

    캘리포니아에 있는 식품 공학 회사가 생산한 닭 배양육을 처음으로 싱가포르에 판매하도록 허가한 것이 2020년 12월이었다. 그 달 하순에는 이스라엘에서도 배양한 닭고기를 파는 식당이 문을 열었다. 배양육이 2022년 말에 미국 식품 의약품국의 승인을 받았기 때문에 머지않아 미국인들의 식탁에도 오를 것으로 전망된다. McKinsey 상회의 보고서는 2030년에 배양육이 전 세계 식용육의 5%에 달하여 매출액 250억 달러에 이르는 세계적인 산업이 될 것이라고 추정한다. 세계 자원 연구소 WRI는 개발 도상국들의 경제 성장이 빈곤층을 육류를 먹는 중산층으로 자연스럽게 인도하여 2050년에는 육류 소비량이 현재의 거의 배나 증가할 것으로 예상한다.

지구의 온난화를 초래하는 온실 가스의 배출은 에너지 분야가 가장 높아 34%이며, 이어서 산업 분야 24%, 토지 이용 22%, 수송 분야 15%, 건물 5%의 순으로 집계된다. 토지의 이용에서 배출되는 가스의 약 반은 목축업에서 나오며, 나머지는 벌채나 습지의 배수 그리고 상업 목적의 삼림 채취에서 나온다.

유엔 식량 농업 기구는 식육을 생산하기 위한 축산업이 전 세계 온실 가스 배출의 5.8%를 점유하고 있으며, 거기다 가축 사료의 생산 및 육류의 가공에 수송까지 합하면 배출량은 14.5%에 이른다고 발표했다. 쇠고기를 생산하는 데는 벌채가 필요하고, 소의 소화 과정이나 배설물의 처리 과정에서 나오는 메탄가스도 지구의 온난화에 영향을 미친다. 기온의 증가가 $1.5°C$에 달하면 침수, 가뭄, 산불 등이 잦아져 농업에 심하게 영향을 끼치기 때문에 상황은 더 악화될 수밖에 없다.

유엔의 기후 변화에 관한 정부 간 협의체는 2019년에 화석 연료의 사용을 줄이는 것만으로 지구 온난화를 막기는 어렵다는 사실을 알리고, 전 세계에 육류의 소비를 줄여 달라는 특별 보고서를 내놓기도 했다. 온 세상이 채식을 늘리고, 특히 붉은 고기를 덜 먹으면 온실 가스의 배출이 주는 동시에 영양 결핍과 심혈관 질환도 줄어

공중 위생에도 큰 도움이 된다. 인류가 온실 가스 배출을 줄이면서 취약한 생태 계통을 파괴하지 않고도 100억에 달하는 인구를 먹여 살릴 수 있다는 사실은 과학적으로 인정되었다.

배양육 생산은 식량의 자급률을 높이면서 기후 위기를 타개할 수 있는 혁신적인 기술이라고 할 수 있다. 시의 적절하게 떠올라서 세계 100여 개의 기업이 배양육 시장을 놓고 심하게 경쟁하게 될 것이다. 소, 닭, 돼지, 오리, 거위, 참치, 새우, 캥거루의 세포에다 고양이를 위한 생쥐의 세포까지 배양하는 방법을 모색하고 있다.

가장 기대되는 곳은 2015년에 설립되어 야심찬 계획으로 소 배양육 생산에 임하고 있는 네덜란드의 Mosa Meat다. 체격이 탄탄한 암황색 암소 Limousin 의 세포를 실험실에서 배양하여 햄버거를 만드는 고기를 생산하는 실험을 실시한다. 유전적으로 동일하면서 소를 도살장에 보낼 필요도 없는 좋은 방법이다. 수의사가 몇 달에 한 번씩 소독제, 소량의 국소 마취제 그리고 외과용 칼 하나만 들고 목장에 가서 소의 옆구리살을 조금 떼어내고 꿰맨 다음 다시 풀밭으로 돌려보내면 된다. 떼어낸 살에서 지방과 근육 두 가지 특정 조직 세포로만 분화하는 간세포를 추출하여 세포의 증식에 알맞는 영양소가 들어있는 배양액에 각각 넣어둔다. 증식이 끝난 다음 걸러서 둘을 합치면 간 쇠고기가 된다.

그 고기는 모든 면에서 우리가 식품점에서 사는 쇠고기와 같으며, 도살한 소에서 나온 것이 아니라 실험실에서 생산되었다는 사실만 다르다. 이론상으로는 단 1/2 그램의 근육으로 멕시코 인구

1억 2천 6백만 명이 한 해에 소비하는 쇠고기를 생산할 수 있다. 회사는 현재 한 번에 채취한 근육으로 쇠고기 15,000 파운드를 생산하는 것을 목표로 삼는다. 전 세계에서 한 해에 도살하는 3억 마리의 소 대신 3, 4만 마리를 도살하면 되어 대단위 집단 사육에서 발생하는 온실 가스의 배출을 줄이는 데에 크게 기여할 수 있다.

아직 실험 중이어서 앞으로 기술적, 경제적, 사회적인 여러 가지 난관을 극복해야 한다. 아무리 좋아도 대량 생산이 불가능하면 소용없는 것, 대량을 생산하는 데에는 대형의 생물학적 반응 장치가 필요한데 그 장치를 만드는 일이 공학 기술상의 난제여서 관계자들은 여러 해 후에나 가능할 것으로 내다본다. 또 세포의 배양액에는 반드시 송아지 태아의 혈액에서 채취한 혈청이 들어가야 하며, 그 혈청은 아주 비싸면서 살생을 피할 수 없어서 논쟁의 여지도 있다.

늘어가는 인구를 먹여 살리면서 뻔히 내다보이는 파국을 막는 데에도 크게 기여할 수 있는 배양육의 생산이 뜻대로 되기를 간절히 기도한다. 때마침 우리 나라의 연구진이 배양액에 넣는 태아 혈청의 대용물을 만들어 배양육의 상품화에 일조하게 되었다는 소식이 기대를 걸게 만든다.

버려지는 식품

거의 8억 명에 달하는 사람들이 기아에 허덕이고 있다. 어떤 문화권에서나 음식을 버리는 것은 사리에 어긋나는 행위다. 그런데 얼마 전 국제 연합 식량 농업 기구가 발표한 것을 보면 전 세계에서 한 해에 버리는 식품이 무려 10억 톤에 달한다. 주로 과일과 야채인데, 생산 구조가 대단위화한 것이 중요한 이유라고 한다. 개발 도상국에서는 대부분이 저장 시설, 운송에 필요한 도로, 냉장 시설 등이 미비해서 식품을 버린다. 훨씬 더 많은 양을 버리는 선진국에서는 공급 과정에서 소매상들이 한꺼번에 너무 많이 주문하거나 소비자들이 상하기 쉬운 것들을 냉장고에 저장했다가 유통 기한이 지나면 버린다.

먹지 않을 식품을 생산하면 그만큼 물, 비료, 살충제, 씨앗, 연료 등을 허비한다. 토지의 이용이나 농장, 어선, 도축장 등에서 초래되는 손실도 적지 않아 지구의 자원이 낭비된다. 버리는 식품은 자연 환경에도 큰 영향을 미쳐 식품 손실을 나라로 친다면 중국과 미국 다음으로 온실 가스를 많이 배출하는 세 번째 나라가 된다.

식량 농업 기구는 하루에 한 사람이 평균 2,353칼로리를 섭취하라고 권장한다. 1990년대 초에 시작된 기아를 해결하려는 노력이 상당한 진전을 이루어 개발 도상국의 굶주림을 당하는 사람이 23%에서 13%로 줄어들었다. 하지만 정치적인 불안, 경제 위기, 자연재해 등이 여전해서 생산된 식량의 분배가 원활하지 못하여 지금도 많은 사람이 배고픔에 시달리고 있는 것이다.

버려지는 식품 문제는 벌써부터 논의의 대상이었지만 이제는 심각한 국제적 문제가 되었다는 목소리가 여기저기서 들린다. 학교 식당, 식료품상, 음식점 등에서는 문제의 심각성을 인식하여 버리는 음식의 양을 줄이려고 구입하는 양을 최적화하는 한편 손님에게 제공하는 음식의 양을 줄이면서 자선 기관에 기부하는 식품의 양을 늘리고 있다.

버려지는 식품에 관심을 가지고 모아서 음식을 장만한 다음 어려운 사람들에게 제공하는 개인이나 단체도 생겨나고 있다. 음식점에서 발생하는 잔반을 모으거나 시판에 적당하지 않아 농장에서 버리는 식료품을 수거하여 가축의 사료로 이용한다. 신선도가 떨어져 버려야 할 때가 가까운 과일이나 야채를 따로 진열하여 싼 가격에 팔아서 기아와 식품 폐기 두 가지 문제를 한 가지 방법으로 해결하는 데에 도움이 되는 슈퍼마켓도 있다.

인구는 계속해서 불어나 2050년이면 2억의 인구가 더 는다. 기후 변화는 경작지를 축소시키고 물부족을 초래하여 식품 생산을 감소시킨다. 지난 2015년 말에는 국제 연합과 미국이 2030년 말까지 버리는 식품을 반으로 줄이겠다고 서약했다. 그 야심찬 목표를 어떤 방법으로 달성할 것인가 정확하게 밝히지는 않았으나, 현재 여러 나라나 기업체 등이 버려지는 양을 측정하고 농장에서도 수확하는 방법에 주의를 기울인다.

조그마한 나라 네덜란드는 대단위 영농에 필요한 모든 자원을 거의 다 잃었다고 생각되던 나라였다. 그런데도 20여 년 전부터 '절반의 자원으로 갑절의 식품을 생산하자' 는 기치를 내걸고 영농 기술의 혁신에 온힘을 쏟은 결과 대단위 생산 시설을 갖추어 식량을 수출한다. 평가 기준을 가치에 두고 측정했을 때 세계 제2위의 식량 수출국으로 미국에 버금가는 나라가 되어 기아를 퇴출할 수 있는 새로운 방책을 세우는 선구자의 역할을 한다.

곡물과는 달리 오래 저장하기 힘든 야채나 과일은 겉모양이 중요하다. 소비자들이 겉모양이 좋으면 내용도 좋을 것으로 믿기 때문에 보기에는 뭣해도 내용은 아무렇지 않은 것들이 흔히 생산지에서 버려진다. 대부분의 식품점들이 못생긴 것들을 기부도 활용도 않고 버리기만 하다가 지금은 그 식품으로 음식을 장만하거나 샐러드 바를 설치하여 팔고 있다. 그것보다는 생산지에서 기준을 낮추어 수확량을 늘리고, 기준에 못 미치는 것은 식량 은행에 기부하는 것이 더 바람직하다. 그런 식량을 저장했다가 공공 기관의 원조가 거의 없는 사람들에게 나눠주는 지방 센터가 곳곳에 있다.

누구의 일이 아니라 바로 우리의 일이라고 여기고 모두 나서서 힘을 합쳐야 할 때다. 개인은 물론 기업체, 학교, 비영리 단체, 정부 등 사회 전반에서 버려지는 식품을 줄이는 데에 참여할 수 있는 방법은 많다. 아주 쉬운 일을 사람들이 생각하지 않고 그냥 지나친다.

쇼핑할 때 필요한 양보다 더 많이 사지 않는다. 음식점에서는 먹지 않아도 될 음식을 주문하지 말고, 남은 음식은 반드시 집으로 가져온다. 가져오지 않을 경우 음식점더러 자선 기관에 기부하라고 권한다. 곁들임 요리를 하나만 시켜서 나누어 먹고, 먹지 않을 빵이나 버터는 식탁에 놓지 말도록 웨이터에게 요구한다.

식료품점에서 무엇을 얼마나 살 것인지 신중히 결정한다. 모양이 마음에 들지 않으면 할인 가격으로 사고, 다소 불완전한 식품이라도 버리지 않고 사용하는 수퍼마켓을 찾아 조제 식품이나 샐러드를 산다. 많이 상하지 않은 냉동 식품을 사고, 지방의 농산물 직판장을 자주 이용한다.

가정에서 작은 접시를 사용한다. 접시의 크기는 50년 전에 비하여 36퍼센트가 더 크다. 남은 음식을 먹는 날을 정해 두는 것도 좋다. 먹지 않은 음식은 냉동하거나 통조림 해서 저장한다. 식육처럼 생산에 필요한 자원이 많이 소요되는 식품은 버리지 않도록 특히 유의한다.

손실과 피해의 보상

　기후 변화와 관련된 경고가 계속되고 있다. 국제 빙하권 기후 이니셔티브 ICCI의 '빙하권 상태 2022 보고서'는 온 세계의 빙하가 빠른 속도로 녹고 있어서 해마다 여름이면 북극해를 떠다니는 해빙이 2050년까지 모두 녹아 사라질 것이며, 해수면의 상승과 함께 바람과 파도가 강해져 지표면의 침식 작용이 증가하면 도처에서 수많은 사람들이 심각한 위험에 처할 것이라고 경고한다.

　매년 열리는 유엔 기후 변화 협약 당사자 총회 COP27가 2022년에는 이집트에서 열렸다. 사무 총장 안토니우 구테흐스는 개막식 연설에서 줄어들지 않는 배기 가스와 함께 지구의 온도도 계속해서 상승하고 있어 우리가 지금 회복이 불가능한 혼란의 정점으로 빠르게 접근한다면서, "마치 지옥행 고속 도로에서 가속 페달을 밟고 있는 것 같다."고 한다.

　파키스탄에서는 국토의 1/3이 물에 잠기는 대홍수로 1,717명이 숨지고 인구의 15%인 3,300만 명이 피해를 입었다고 알려졌다. 세계 식량 계획은 아프리카의 19개 나라 500만 명이 홍수로 피해를 입었고 농경지 100만 헥타르가 침수되었다고 발표한다. 영국의 일간지 가디언은 나이지리아, 니제르, 차드에서 수백 명이 홍수로 숨지고 150만 명이 피해를 입었다고 보고한다.

국제 구호 단체 OXFAM는 전 세계 억만 장자 125명이 지구를 오염시키는 산업에 투자한 내용을 분석하여 그들의 1인당 연간 300만 톤에 달하는 이산화탄소 배출량이 소득 수준이 하위에 속하는 사람들의 90%가 배출하는 1인당 평균 배출량 2.76톤의 100만 배가 넘는다는 사실을 밝혀 낸다.

지난 200여 년 동안의 화석 연료 사용이 기상의 변화를 초래한 것은 분명한 사실이어서 그에 따른 손실과 피해 보상이 30년 전부터 거론되고 있다. 그 때마다 정의, 공평, 책임 등의 단어가 중심을 차지한다. 문제를 일으킨 책임이 있는 측에 문제를 해결해야 할 책임도 있다는 주장이었다. 공해를 유발한 사람들이 마땅히 공해를 추방하는 데에 드는 돈을 지불해야 한다는 것이다.

기후 변화에 취약한 것으로 알려진 55개 나라가 발표한 보고서에 의하면 그 중 20개 나라의 손실액이 5,250억 달러에 달해 전체 국내 총생산 GDP의 20%에 해당한다. 태평양에는 수많은 섬나라가 있는데 그 나라들 전부가 배출하는 탄소의 양은 전 세계 배출량의 0.03% 이하여서 기후 변화에 거의 영향을 미치지 않는데도 침수의 위협에 시달린다.

가스 배출이 많은 나라들로 하여금 돈을 지불하게 만들어 손실과 피해를 보상해야 한다는 목소리가 높다. 실제적인 방안으로 세계 은행과 국제 통화 기금 두 기관의 전반적인 개혁이 제안되기도 했다. 기상의 이변을 막는 큰 프로젝트를 채택함으로써 민간 부문의 투자를 유인하고 거액을 개도국에 할당하여 그들 스스로 기후 프로젝트를 추진하도록 도와 주는 방식이다. 과도한 이익을 취하는 석유 및 가스 회사들에 많은 세금을 부과하는 방법도 마련되었다.

기상 이변은 점차 지구촌 전체에 퍼지고 있어서 전 세계 모든 나라가 너나없이 힘을 합쳐 당장 대처해야 하는 일이다. 개도국들은 국제 사회의 따뜻한 마음과 정당성에 입각한 원조를 요청한다. 문제를 공정하게 처리하지 않으면 분란이 발생하여 많은 나라가 참가하는 중요한 국제 기구들이 존속하기 어렵게 될 것이 불을 보듯 뻔하다.

산업의 발전과 그에 따른 화석 연료에 고도로 의존하는 생활 양식이 기후의 변화를 초래한다는 합당한 이유에서 법률이나 습관 따위가 아니라 도덕에 바탕을 둔 적극적이고 과감한 기후 대책이 이미 오래 전부터 국제 회의의 우선적이고 중심적인 논제가 되었다. 미국이나 유럽 연합의 나라들처럼 발전된 나라는 인구는 적은데 전 세계 연간 배출량의 79%에 달하는 온실 가스를 배출한다. 하지만 기상 악화는 현재까지는 기후 변화에 가장 적은 영향을 미치는 나라에서 막대한 손실과 피해를 초래한다.

재해를 입은 파키스탄을 비롯한 개발 도상국 134개 나라가 COP27에서 피해 구제를 강력히 촉구했다. 마침내 '손실과 피해 보상을 위한 기금'을 조성하자는 안이 197개 나라의 합의로 채택되어 유엔 차원의 국제 기금을 공식적으로 모으는 계기가 마련되었다. 보상을 위한 기금을 조성하자는 안이 채택된 것은 바람직한 일이다.

　기금의 형태, 기금 조성의 주체, 기금 지원 대상국과 범위 등 구체적인 내용은 별도의 위원회를 구성하여 다음 회의에서 논의하기로 했다. 우리는 흔히 어떤 문제가 발생했을 때 원칙에만 합의하면 그 다음의 관련되는 문제들은 저절로 해결된다고 생각한다. 하지만 합의된 원칙이나 기준이 구체적으로 무엇인가에 대한 해석이 가끔가다 일치되지 않기도 한다. 지금까지의 경위로 보아 협의가 제때에 원만하게 이루어질 수 있을지 걱정된다.

　보상과 더불어 탄소를 포집하거나 배출을 줄여 기후의 변화에 대처하기 위해서는 상상하기 어려울 만큼의 거액이 필요하다. 유감스럽게도 작금의 세태 풍조는 지난 수십 년 동안 평화의 유지에 기여한 국제 기구들의 존재 근거가 점차 사라지고 있는 실정이다. 게다가 러시아의 우크라이나 침공이 권위주의 세력들로 하여금 미국의 우위와 서방의 영향력에 공공연히 불만을 표시하게 만든다. 중국·러시아·북한·이란 등이 연대를 강화하여 소위 '불만의 축'을 형성할 수도 있다. 그리고 여기저기서 기후 변화와 관련되는 이기주의가 태동한다는 소리도 들린다.

역대에 가장 더웠던 달

　스위스의 인터라켄에서 2023년에 열린 제58차 국제 연합의 기후 변화에 관한 정부 간 협의체 총회는 1970년 이후 50년 동안에 상승한 지구의 표면 온도가 그 전의 어느 50년 동안 상승한 것보다 높았다고 보고했다. 온실 가스 배출량이 지속적으로 늘고 있음을 상기시키면서 화석 연료를 현재 대로 사용하면 온도가 2040년에는 1.5°C까지, 2100년에는 3.2°C까지 상승할 것으로 예측했다.

　파리 기후 협약에서 2015년에 채택되어 유엔 총회의 확인을 거친 1.5°C는 지구의 한 해 평균 온도 상승폭의 마지노선이다. 각국 정부나 기업이 기후 정책을 수립하고 투자하는 데에 참고하는 지구촌의 기준이다. 향후 10년 안의 인류의 선택과 행동이 앞으로 수천 년 동안 기후에 영향을 미칠 것이라고 했다.

　기후의 변화가 초래하는 피해와 손실이 갈수록 커지고 있는 가운데 유엔의 세계 기상 기구 WMO가 2023년 7월이 역사상 가장 더운 달이 될 것이라고 전망하고, 그 뒤 5년 내에 그보다 더운 날씨가 찾아올 확률은 98%이며 지구의 평균 기온이 1.5°C 이상 높아질 확률은 66%라고 경고했다. 특히 2027년에 지구 기온이 1.5°C 이상 상승할 것이라는 예측은 급변점으로 생각되는 온도에 도달하는 시기가 앞당겨진 것이어서 심히 걱정스럽다.

국제 기구들의 분석과 함께 실제로 상승하는 기온을 토대로 유엔 사무총장 안토니우 구테흐스는 2023년 7월 하순에 "지구 온난화 시대는 끝났다. 이제 지구의 열대화 시대가 도래했다."면서 "현재의 기후 변화는 공포 분위기를 조성하지만 시작에 불과하다."는 말을 덧붙였다. 지구의 온도가 급격히 상승하는 추세에 있으며, 끔찍한 기후의 변화가 시작되어 잔인한 여름을 맞이했다. 지구가 끓는 것은 분명히 인간의 활동에서 비롯되는 현상이기 때문에 유엔 회원국이 기온 상승을 막는 데에 모두 나서야 한다고 호소했다. 우리가 역대에 가장 더운 여름에 몸살로 앓는 동안 남반구에는 이례적인 고온이 덮쳐 겨울이 실종되는 소동이 벌어졌다.

스웨덴의 과학자 아레니우스 Svante A. Arrhenius는 100년도 더 전에 이미 화석 연료가 탈 때 나오는 탄산가스가 지구를 덥게 만들 것이라고 전망했다. 1988년에는 미국의 과학자 한센 James E. Hansen도 인간 활동의 결과로 지구가 더워지고 있다고 경고했다. 그 후 수차에 걸쳐 국제 회의가 열려 협약이 채택되었으며, 기후 변화의 심각성이 인식된 나머지 여러 나라의 정계, 관계, 학계, 재계 등 모든 분야에서 그에 대처하는 움직임이 활발해졌다.

재생 에너지의 생산을 늘리는 방안을 연구하고 공기 중의 이산화

탄소를 포집하는 각종의 방법을 강구한다. 온실 가스의 배출을 줄이기 위한 인프라를 구축하고 기업들이 그 분야에 더 많이 투자한다. 벌채를 금지하는 한편 작물을 재배해서 이산화탄소를 흡수하게 만든 뒤 그 산물로 바이오 에너지를 생산하는 방안도 마련한다. 버려지는 식품의 양을 줄여 에너지의 소모와 온실 가스의 배출을 감소한다. 갯벌은 물론 바다에서 생육하는 몇 가지 식물도 많은 양의 이산화탄소를 공기 중에서 흡수한다는 것에 주목하여 해조 양식장의 설치 등 해양의 역할에 관한 연구를 수행한다. 에너지의 꿈이라고 여겼던 핵융합 에너지의 개발도 추진하고 있으며 전기차의 생산에도 전력한다. 소, 돼지, 닭 등의 세포를 실험실에서 배양하여 고기를 생산한다.

수많은 사람이 안간힘을 쓰지만 배기 가스의 배출은 줄지 않아 기상이 심하게 악화하는 바람에 손실이 날로 커져만 가는 실정이다. 지난 사반 세기 동안 포괄적인 조처 방안이 도출되지 못했던 탓이다. 왜 기후 변화의 대처에 결정적인 진척이 없는 것일까? 주된 원인을 들자면 가난을 극복하는 데에 필요한 증가된 화석 에너지의 수요가 지속되어 온 세상의 85%가 화석 연료에 의지한다. 각 나라의 정부가 일의 진척에 주된 역할을 하는 것이 당연하게 여겨졌으나, 기후 변화의 존재 자체를 부정하는 조류에다 충만해 있는 시장 경제 형태가 발목을 잡았다. 거대한 비용이 드는데다가 기후 변화에 대한 각자의 입장에 차이가 컸다.

기후 변화는 지금까지 인류가 부딪친 난관에 비하여 훨씬 더 큰 문제인데 비상 사태임을 인식하지 못한 인간의 무지에서 비롯되었다고도 본다. 대기 오염이나 수질 오염 또는 소음 공해 등에 대처하는 것과는 차원이 다르다. 긴 시간에 걸쳐 발생하고, 발생하는 공간이 넓으며, 대처 방법도 말할 수 없이 복잡하다. 기본적인 연구에 투자가 미흡했고, 산업 분야가 정치에 큰 영향을 미쳤으며, 각종 미디어에서는 소홀히 취급되었고, 화석 연료에 투자한 기업들이 의혹의 씨를 심으면서 정부들의 개입에 반대했다.

늦지는 않았다. 2030년까지 배기 가스를 50% 이상 줄여 기온 상승을 1.5°C 이내로 유지할 수 있는 방법은 많다. 늦어지면 그만큼 재앙을 면할 수 있는 가능성도 주는데 어떤 나라나 기업은 지금도 '당신 먼저'의 태도를 견지하고 있다. 우리는 이미 무서운 경고를 받았으며 파국은 예상되는 것이 아니라 사실상 확정된 것으로 보는 것이 옳다. 모두가 분발하여 신속하고 효과적이며 협동적인 자세로 수단과 방법을 가리지 않고 당면한 문제에 대처해야 한다. 설마가 사람 죽이는 일이 일어나서는 절대 안 된다.

옥상의 정원

　인류가 지금까지 기후에 영향을 미쳐 왔으며 그 결과 기후가 변화하고 자연 재해가 유발되어 지구상의 모든 생명체에 큰 피해를 입히고 있다는 데에 전 세계 수많은 과학자들이 뜻을 함께 한다. 저탄소 경제를 창조하는 여러 가지 기술이 개발되었으나 우리가 과거에 저지른 과오를 되돌리기에는 역부족이어서 지구촌에서 벌어지는 재앙이 날로 커지고 있다.

　비·이슬·햇빛 등을 막기 위하여 집의 맨 꼭대기 부분에 씌우는 덮개가 지붕이다. 집을 지을 때는 보통 흙을 잘 고른 다음 건물을 세우고, 스며들거나 넘쳐흐르는 물을 막는 재료로 그 위를 덮어 버리고는 더 이상 신경 쓰지 않는다. 분산된 저층 집들의 지붕은 거개가 경사가 지는 기와나 초가 지붕이다. 그러나 대도시의 고층 또는 대형 건물의 지붕은 흔히 물매가 뜬 평지붕이다. 현대식 건물의 지붕은 마당처럼 평평하며, 지역에 따라 다른 건축 양식이 저층의 집에 평지붕을 만들지 않을 수 없게 한다.

도시의 지붕은 말 그대로 사람이 만든 사막이라고 부를만하다. 사막에는 생물이 살기라도 하지만 지붕에는 아스팔트가 깔려 그저 혹서, 강풍, 호우에나 대처하는 맥 빠진 곳이다. 사람들은 오래 전부터 버려진 그 지붕에 눈길을 주기 시작했다. 미국의 평원에는 잔디 지붕을 인 집들이 흔했고 지금도 북유럽의 통나무집이나 헛간의 지붕이 잔디로 덮인 것을 볼 수 있다. 천장에 채광창을 내서 집안을 밝게 하는가 하면 태양 전지판을 설치하여 전기를 생산하며 휴양지의 호텔 옥상에 식당을 만든다. 기술의 발달로 피막이나 고무로 처리한 튼튼한 방수막이 생산되자 세계 각처의 건축가나 도시 계획자들이 뒤늦게 깨닫고 큰 건물의 쓸모없는 옥상을 실생활에 알맞게 바꾸기 시작했다.

'생명이 있는 지붕' '녹색 지붕' 또는 '공중의 초원' 이라고도 부르는 옥상의 갖가지 정원들이 스위스, 독일, 캐나다, 미국, 영국, 오스트리아 등의 대도시에서 사람들의 마음을 사로잡는다. 도시의 건물 옥상에 올라가 으레 눈 아래 펼쳐진 시가지의 풍경을 즐기기 마련이지만, 유리나 강철 또는 콘크리트로 둘러싸인 건물의 지붕에서 예상도 못했던 녹청갈색이 뒤엉킨 숲에 서면 스스로가 전망 안에 든 느낌을 받지 않을 수 없어지는 때가 되었다.

녹색 지붕을 연구하는 실험실에서는 벌써 그런 지붕이 제공하는 실질적인 이점을 측정하기 시작했다. 도시를 자연화하는 방법을 찾는 일은 궁극적으로 사람 뿐만 아니라 모든 생명체가 살기 좋은 곳으로 만드는 일이다. 생명이 있는 지붕은 자연 생물계에 극단으로 치닫는 것을 막아 주는 힘이 존재한다는 사실을 일깨워 주기도 한다.

아스팔트 지붕의 한낮 온도는 때로는 믿을 수 없을 정도로 상승하여 섭씨 65도를 웃도는 열섬이 된다. 하지만 녹색 지붕에서는 토양 혼합물과 식물의 절연 작용으로 열의 변화 폭이 지상의 공원이나 정원의 온도를 크게 웃돌지 않는다. 조사의 결과는 옥상의 정원이 건물을 시원하게 유지하는 데에 드는 비용의 20퍼센트까지 감소시켜 주는 것으로 나타났다.

재래식 지붕에 비가 내리면 흡수되지도 여과되지도 않아 흐르는 빗물이 된다. 제멋대로 흘러서 흔히 하천이나 폭우에 대비하여 만든 협곡까지 범람한다. 그러나 공중의 초원은 물을 흡수하거나 여과하고 흐름을 느리게 해주며 나중에 사용할 수 있게 저장하는 역할을 수행한다. 결과적으로 하수구가 범람하는 것을 막아 주어 도시에 설치된 배수 장치의 수명도 연장시킨다.

생명이 있는 지붕은 도시 안의 생물체가 서식하지 못하는 곳을 되찾아 살기에 알맞게 함으로써 전원 지방을 연결하는 고리쇠의 역할을 한다. 그 곳을 개미, 거미, 풍뎅이, 물떼새, 까마귀 등 여러 가지 동물이 차지하여 자리를 잡는다. 뿐만 아니라 스위스의 취리히에서는 100여 년 전에 만든 녹색 지붕이 난초의 도피처가 된 것으로 밝혀졌다. 경작지로 변해 버린 땅에서는 이미 멸종된 아홉 가지 난초가 거기서는 서식하고 있었던 것이다. 녹색 지붕을 만드는 일은 그저 새로운 서식처를 만들거나 그 전의 서식처를 복원하는 것을 넘어서는 일임을 여실히 보여 준다.

집을 지을 때 옥상에 정원을 만드는 것을 의무화하여 보상책을 마련하는 나라도 늘고 있다. 재래식 지붕에 비하여 두세 배의 돈이 들지만 장기적으로 보면 에너지가 절약되어 싸게 먹히기 때문이다. 대형 건물의 전형적인 옥상 정원은 네 가지 층으로 구성된다. 맨 위에서는 다량의 수분을 함유하는 다육 식물이 자란다. 자연의 흙은 물에 젖으면 무겁기 때문에 각종 요소를 배합한 혼성 토양이 아래를 차지하여 식물들을 살게 한다. 그 아래는 컵 위에 여과용 천을 깔아 물을 저장했다가 건기에 식물의 뿌리가 그 물을 흡수하도록 한다. 가장 아래는 뿌리를 뻗지 못하게 하면서 동시에 물의 흐름도 막아 주는 방수막이 자리를 차지한다.

모든 주택이나 사회 기반 시설의 계획안은 자연을 더 좋은 곳으로 남겨 둘 수 있게 작성되어야 한다. 개발 계획은 자연에 해가 되지 않도록 수립되어야 하고, 그것이 불가능하면 주변에 녹지를 추가하거나 늪지대 또는 천연 생육지를 복원하는 방법을 모색해야 한다. 기후 변화의 위기에 처하여 가능한 모든 방법을 동원해야 할 때다.

잘못된 정보

지난 2016년 미국의 대선 때는 '프란치스코 교황이 도널드 트럼프 후보를 지지했다.'는 보도가 있었다. 그 매체는 지방 방송사의 하나처럼 보였으나 존재하지도 않는 방송사였는데, 거기서 조작된 정보가 매스컴을 타고 급속히 퍼졌다.

선거가 끝난 뒤에는 미국의 정치인 및 저명 인사들이 워싱턴의 한 피자 가게 지하실에서 어린이들을 성적으로 학대하고 죽이면서 즐겨 악마를 숭배한다는 음모론이 나돌기 시작했다. 성 도착자들로 구성된 그 비밀 결사에는 민주당의 고위층에 드는 버락 오바마, 힐러리 클린턴, 조 바이든과 함께 할리우드의 유명한 인사 오프라 윈프리와 톰 행크스 그리고 종교계의 프란치스코 교황과 달라이 라마까지 들어 있어서 세계 각국 정부를 마음대로 조종하며 세상을 지배한다. 그런 허무 맹랑한 낭설을 믿은 나머지 어처구니없는 짓으로 미국 사회에 해를 끼치고 있는 집단도 있었으며 연방 수사국은 그 음모론을 테러가 발생할 수 있는 조짐으로 보았다.

코로나바이러스 감염증이 세상을 뒤흔들기 시작한 2020년부터는 전 세계의 많은 지도자들이 과학자들의 조언을 무시하면서 낭설을 퍼뜨렸다. 조금 심한 독감이나 폐렴과 같아 멀지 않아 사라질 것이니 걱정하지 않아도 된다고 하면서, 공중 위생 분야에서 꾸며낸 음모라거나 속임수라고 비난했다. 자기 나라에는 확진자가 전혀 없다고 주장하면서 소홀히 취급하기도 했다. 지금도 우리 곁에 존재하는 그 유행병이 2024년 초까지 앗아간 사람의 수가 7백만에 이른다는 집계이지만 실제로는 그 세 배에 달한다고 추정하는 학자도 많다.

과거에도 멀쩡한 김일성이나 덩 샤오핑이 사망했다는 보도가 있었는데, 그런 보도는 정보에의 접근이 어려운 공산 국가의 정보를 전해 들은 뒤 충분한 확인 과정을 거치지 않아 생긴 오보였다. 하지만 부정적인 목적에서 꾸미거나 지어낸 조작된 정보는 오보와는 확실히 다르다.

목탁은 나무를 둥글게 깎아 속을 파서 소리가 잘 나게 만들어 독경이나 염불할 때 또는 사람들을 모이게 할 때 두드리는 물건이다. 세상 사람을 깨우쳐 인도할 만한 사람이나 기관을 비유적으로 일러 목탁이라고 하며, 언론은 '사회의 목탁'으로서의 사명을 다하여 진실을 알릴 의무가 있다고 한다. 그런데 잘못된 정보의 시대를 맞아 저널리즘에 대한 불신이 만연하다.

1930년대에는 나치가 자기들의 선전 선동과 다른 기사가 보도되면 거짓 언론이라고 몰아세웠다. 지금은 상당수의 미국 정치인들이 자신에게 비판적인 보도를 가짜 뉴스로 치부해 버린다. 게다가 몇몇 입담 좋은 앵커맨들이 선봉에 서서 막말을 쏟아 놓아 실제로 있었던 일이나 현재에 있는 일을 왜곡하는 어이없는 일도 벌어지고 있다.

미국의 대표적인 보수 성향 방송사 Fox의 간판 앵커맨 하나는 매일 평균 320만 명이 시청하는 프로그램을 수년 간 진행했다. 처음으로 무슬림 여성이 하원 의원이 되자 '이민 정책이 국가에 위험이 된다는 증거'라고 하는가 하면, 불법 이민자들에 대해서는 '미국을 불결하게 오염시키는 이들'이라고 하는 등 인종이나 성을 차별하는 발언을 일삼았다.

인종 차별에 항의하는 시위를 촉발한 흑인 조지 플로이드의 죽음을 두고 '플로이드는 경찰의 과잉 진압 때문에 죽은 것이 아니다.'라는 주장을 되풀이하고, 국회 의사당을 난장판으로 만든 폭도들을 '온순하고 정돈된 의회 관광객들'이라고 했다. 미국의 우크라이나 군사 지원을 반대하고 볼로디미르 젤렌스키 우크라이나 대통령을 독재자라고 불렀다. 매체의 편향성이 마침내 언론계에 미치는 부정적인 영향을 뜻하는 '폭스 효과'라는 표현까지 낳게 만들었던 것이다.

2020년의 대통령 선거에는 주로 도미니언 (Dominion Voting Systems)에서 제작한 투표기가 사용되었는데 그 회사가 국제 음모단에 들어 선거를 도둑질해서 도널드 트럼프를 찍은 수백만 표를 조 바이든의 표로 바꾸었다는 음모론을 퍼뜨렸다. 도미니언은 폭스 뉴스를 명예 훼손죄로 고발했으며 무려 7억8천7백만 달러를 지불하라는 것으로 결판이 나자 그는 곧장 파면되고 말았다.

같은 시기에 진보 성향 방송사 CNN의 앵커맨 하나도 수차에 걸친 여성 비하 발언으로 해고되었다. 보수 진보를 막론하고 언론인들의 마구 쏟는 막말이 사회를 갈라져 나뉘게 만들고 그것이 다시 매스 미디어를 양극단으로 몰아가고 있다. 언론이 제자리를 지키지 못하는 시대가 되어 버린 것이다.

가짜는 진짜처럼 꾸민 것이고 진짜가 아니다. 의도적으로 조작된 정보를 가짜 뉴스라고 부르면 그것이 뉴스라는 외피를 입어 언론의 공신력이 훼손되기 때문에 뉴욕 타임스는 '가짜 뉴스'라는 용어를 쓰지 않고 대신 조작된 정보 또는 '잘못된 정보'(misinformation)라고 부른다. 정확한 이름은 본질을 이해하는 데에 중요하기에 명명에 신중을 기해야 한다.

유언 비어가 난무하는 사회를 정상적인 사회라고 할 수는 없다. 의도적인 거짓말이나 날조된 나쁜 일은 금방 널리 알려지고는 해서 발 없는 말이 천리를 간다고 한다. 이런 때일수록 불특정 다수에게 대량의 정보나 지식을 전달하는 수단인 언론이 제자리를 지켜 주어야 오해와 혼돈을 피할 수 있다. 대중 매체를 통해 음모론과 잘못된 정보가 널리 퍼지는 상황에서 사실에 기반을 둔 뉴스를 만드는 언론사의 역할이 확대되어 사람들이 갈피를 잡지 못하고 이리저리 헤매지 않는 날이 하루속히 오기를 바란다.

희망

어쩐지 위기가 닥쳐오고 있어 불안한 느낌을 갖게 만드는 세상이다. 속삭임에 불과하던 것이 날이 갈수록 커진다. 전쟁, 기후 변화, 공해, 유행병, 늘어나는 증오 범죄, 여타의 위난 등으로 세상이 마치 구렁텅이로 빠져드는 것 같다. 희망을 갖기에 더없이 좋은 때다. 인간이 극한 상황에 직면하여 스스로 자기의 유한성 및 허무성을 깨달아 구원이 필요하다는 사실을 느낄 때 생기는 것이 희망이다.

위기가 닥치면 저절로 생겨나는 희망은 자신의 삶이나 세상에서 벌어지는 사건·상황의 긍정적인 결과에 대한 기대를 바탕으로 하는 낙관적인 심리 상태다. 세상 만사는 좋게 끝나기 마련이라서 어려운 때일수록 희망적이어야 한다. 희망적이라는 것은 부질없는 기대에 차 있거나 맹목적인 낙관에 젖어 있는 것과는 다르다. 미래에는 더 나을 것이라고 굳게 믿는 마음이고, 그 미래를 추구할 수 있는 능력을 지녔다는 신념이다.

희망은 일종의 사고 방식이다. 가장 강력한 마음가짐이고, 가능성이 멀어 보이는 소원도 성취시킬 수 있게 해준다. 삼년 가뭄을 겪은 농부가 봄철에 씨를 뿌릴 수 있도록 힘을 주는 것이 희망이다. 구름 사이로 비스듬히 비쳐드는 빛이 아니라 전쟁터에서 화살이나 창 또는 칼 등을 막아 주는 튼튼한 갑옷이다.

삶의 목적을 테스트한 수십 가지의 연구 결과가 나이, 지능 지수, 교육 수준에 상관없이 삶이 의미를 가지고 있다는 사실을 증명했다. 어떠한 여건하에서도 삶은 의미있는 것으로 남아 있다. 빅터 프랭클 (1905~97) 은 나치 수용소를 네 곳이나 전전하면서 삶에는 의미가 있음을 깨달았다. 정신 의학의 거두가 되어 무한한 의미를 지니고 있는 삶이 일종의 임무라는 사실을 알아채야 한다고 주장했다. 삶의 의미가 최악의 환경에서 초연한 자세를 취하여 살아남을 희망을 가지게 해주었던 것이다.

희망은 종교의 핵심 개념으로 영적 세계에 이르는 전제 조건이나 부산물로 볼 수 있다. 그리스도교적인 희망은 우리의 기다림이 헛되지 않을 것이라는 희망이다. 사도 바울은 기독교인들에게는 그리스도가 희망의 원천이라고 했다 (로마서 8:24). '우리는 그 희망으로 말미암아 구원을 받았습니다. 눈에 보이는 것을 바라는 것은 희망이 아닙니다. 눈에 보이는 것을 누가 희망하겠습니까?'

질병의 회복 과정에서도 특정한 희망이 중요한 요소라는 사실이 밝혀졌다. 환자에게 필요한 강한 심리적 이점을 가지고 있으며, 그들을 질병에 더 효과적으로 대처하도록 도와 준다. 희망의 핵심 요소인 믿음과 기대가 회복을 위해 건강한 행동을 하도록 동기를 부여하여 질병이 진행되는 것을 막는다. 치료에 적용할만한 희망의 실제적인 효과는 더 구명되어야 하겠지만 질병으로부터 회복되는 기간 동안 희망의 감정을 유지하는 것이 유익하다는 사실은 환자의 회복을 돕는 변수인 플라시보 효과를 입증하는 연구에서 명백히 밝혀졌다.

삼짇날 왔다가 한로가 지나면 강남으로 돌아가고는 하던 어렸을 적에 보던 제비는 희망의 상징이었다. 논흙을 이겨서 볏짚과 섞어 처마 밑에 둥지를 지어 살고, 다음 해에 다시 그 둥지를 찾아오는 강한 귀소 본능을 보여 주던 새. 추운 겨울의 끝과 따스한 봄의 시작에 즈음하여 반드시 나타나는 봄의 전령사였다. 때가 되면 어김없이 찾아와 신뢰감을 주었고, 제가 살던 곳에 다시 들어 정다웠다.

농작물을 해치는 벌레를 먹어 없애서 농사에 도움이 되었을 뿐만 아니라 사람을 정서적으로 풍요롭게 해주었다. 사람과 가까운 곳에서 사는 그들의 속성이 많은 얘기를 만들어 냈다. 흥부집 제비는 은덕을 갚았다. 제비가 집을 지으면 그 집이 길하다. 물 찬 제비다. 제비가 새끼를 많이 치면 풍년이 든다. 땅을 스치며 낮게 날면 비가 온다.

내가 나서 자란 시골의 자연 환경을 나타내 주었고, 기상학에서는 기후를 측정하는 데에 사용하는 표지 동물이었다. 제비를 연자燕子 또는 현조玄鳥라고도 하는데 燕자가 제비를 뜻하면서 편안함의 뜻도 가지고 있고 玄자가 고요함의 뜻을 가지고 있는 것을 보면 분명 길한 일이 생길 것을 미리 알려 주어 사람을 희망적이게 해주는 새였다.

헤아릴 수 없이 많은 사람들이 희망에 관해 피력했다. 희망은 사람의 가슴속에서 영원히 샘솟아 오른다. 암흑 속에서 빛을 찾는 능력이다. 오늘은 반성이고 내일은 희망이다. 나이가 들수록 사람은 미래를 향한 희망 보다는 과거의 추억으로 살아간다. 사람들이 당신에게 아무런 희망이 없다고 말할 때도 희망은 있다. 살아있는 한 희망은 있다. 사람이 가진 모든 것일 수도 있기에 결코 타인의 희망을 빼앗아서는 안 된다. 덧없는 환상과 희망에서는 벗어나야 한다. 미래의 당신 자신을 볼 수 있는 것 그것이 바로 희망의 진수이다.

  희망이란 삶에 의미가 있다고 믿는 것이다. 희망하여 기대가 충족된 상태로 살면 여러 가지 이득을 본다. 지금까지 수행된 연구의 결과는 일생 동안 여러 가지 희망을 가지고 산 사람은 그렇지 못한 사람에 비하여 만성 질병에 덜 걸리고, 우울하거나 불안에 덜 빠지며, 사회적인 지원을 더 받으면서 더 오래 산다는 것을 밝혀냈다. 독특한 상황에 숨겨진 의미를 찾아내서 모질고 거센 풍파를 이겨내는 삶이 값어치 있는 삶 아니던가.

제2부

뉘우침

도로의 이름

미국을 재편하는 노인들

미국의 참전 용사들

삼독

앙겔라 메르켈

인간의 본성

정의로운 결정

효도

뉘우침

인간은 자체가 미완성품이다. 무슨 일에나 완전할 수 없으며 결점 또한 많다. 누구든 잘못을 저지르기 마련이라 완전 무결한 사람을 보기는 어렵다. 오래 전에 영국의 시인 포프 A. Pope는 잘못은 인간에게 흔히 있는 일이고, 용서는 신이 하는 일이라는 말을 남겼다.

어차피 사람은 잘하지 못한 일이나 옳지 못하게 한 짓을 깨닫고 허물을 뉘우치면서 살 수밖에 없다. 잘못을 스스로 깨닫고 가책을 느낀다. 뉘우침은 어떤 일을 잘못 처리하거나 실수했을 때 느껴서 움직이는 마음속의 기분이나 생각이다. 다르게 대처하거나 더 나은 방법으로 처리했더라면 좋았을 거라는 안타까운 감정이다.

이제 와서 후회한들 무슨 소용이 있겠는가? 이전의 잘못을 깨치고 뉘우치는 것을 뜻하는 후회는 일상에서 아주 많이 쓰이는 단어다. 자기의 잘못에 대하여 진심으로 깊이 뉘우치는 것은 참회 또는 통회라고 한다. 뉘우치고 한탄하는 것은 회한이다. 잘못을 뉘우쳐 고치는 것은 회개. 뉘우침을 뜻하는 단어는 수없이 많다. 하지만 대부분의 사람들이 뉘우침을 잘못 이해하고 있다. 제대로 이해하지 못하면 그것의 쓸만한 가치를 내팽개치는 것이나 다름없는데……. 심지어 뉘우치지 말아야 하며, 부정적인 느낌은 지체하지 말고 곧 없애야 한다는 풍조까지 이는 세상이다.

뉘우침은 크게 네 가지로 나누어진다. 자신의 기반에 연관되는 뉘우침은 재정, 건강, 학생 생활 등에 대한 뉘우침이다. 살면서 스스로 행복을 느꼈던가? 세상을 멀리하고 자신에게 헌신했는가?

대담성 뉘우침은 무슨 일이든 모험을 무릅쓰고 결연히 추진했던가에 관련된다. 타인이 기대하는 삶이 아니라 내 자신에게 충실한 삶을 사는 용기를 가졌던가? 느낌은 충분히 표현했던가?

도덕적 뉘우침은 복잡 다단하다. 자기와 상관없는 사람들이나 정치적인 견해가 다른 사람들을 구박하거나 괴롭히거나 헐뜯는 것은 좋지 않은 일이다. 육신이 멀쩡한 사람이 정당하지 않은 방법으로 국민의 의무인 군 복무를 회피하면 훗날 뉘우치게 된다. 사소한 일에 관심을 나타냈던가?

마지막으로 교제를 유지하는 일과 관련되는 뉘우침도 흔하다. 교제가 끊어지는 일은 대개의 경우 서서히 진행된다. 어색하다고 느끼고 상대가 관계를 지속하는 데에 마음을 쓰지 않을 것으로 짐작하여 연락을 꺼리지는 않았던가?

이미 선택하여 바꿀 수 없는 일이나 입 밖으로 뱉어 버려 거둬들일 수 없는 말 때문에 견디기 어려운 부정적인 감정이 뉘우침을 유발한다. 깊은 실망, 헛된 갈망, 효과없는 자책 등이 때로는 심한 신체적 및 정신적 고통을 초래한다. 뉘우침에는 아픔이 따르지만 그 고통은 흔히 받을만 해서 받는 고통이며, 실수에서 배울 수 있는 좋은 기회를 제공한다. 생애 중에 맞딱뜨리는 중요한 사건에 대한 매우 실재적인 반응이라고 할 수 있다.

실수는 행위이고, 뉘우침은 느낌이다. 느낌을 회피하거나 거기에 빠져 허우적거리지 말고 똑바로 알아차려 대처해야 한다. 뉘우치는 내용을 적어놓고 어떤 뉘우침인가 가려내어 적절히 대처하는 방법을 강구한다. 뉘우침을 무시해 버리면 배울 기회를 놓친다. 자신의 행동이 남에게 해를 끼쳤으면 반드시 바로잡으려고 노력해야 한다. 죄송합니다, 그렇게 말한 것을 유감스럽게 생각합니다 등으로 시작하여 진실된 사과를 받아 달라는 말로 상대의 양해를 구해야 한다. 그러면서 자신을 용서하면 금상첨화다. 끊임없이 노력함으로써 완전하여 결점이 없게 삶을 영위하려고 애쓰는 데에 인생의 묘미가 있지 않던가?

기도란 원래 잘못을 뉘우치고 선으로 옮아가 신의 도움을 비는 것이다. 뉘우침은 오래 전부터 종교의 중요한 가르침이었다. 공자는 하늘에 대한 신앙이 두터웠다. 하늘에 의지하여 살면서, 하늘에 죄를 지으면 빌 곳도 없다거나 하늘이 내게 덕을 부여해 주셨다는 말로 제자들을 가르쳤다. 잘못을 하고도 고치지 않는 것 이것이 잘못이다라고 가르쳤다.

기독교의 성전도 여러 곳에서 잘못을 뉘우쳐 고치라고 이른다. 독일의 종교 개혁자 마르틴 루터는 1517년에 면죄부 남발로 부패하는 카톨릭 교회를 95개조의 논제로 비판했다. 제1조에 "우리들의 주님이시며 스승이신 예수 그리스도께서 '회개하라 하늘 나라가 다가왔다.' 고 하신 것은 신자들의 전 생애가 참회가 되어야 한다는 것을 의미한다." 고 적었다. 고백하고 뉘우친 다음 바로잡아 새로운 삶을 살라는 말이다. 악을 회개하지 않고, 악을 저지른 몸에 오히려 복이 더 내리기를 비는 것은 아무 소용도 없는 짓이다.

자기도 모르는 죄를 짓기가 십상인 세상이다. 살다 보면 원한을 품거나 원한을 사기도 한다. 원한은 의혹이 풀리지 않아서 가중되는 것이니, 의혹을 풀고 싶을 때는 반드시 먼저 스스로를 돌아보고 질책해야 한다. 사심 없이 자신의 과실을 인정하고 스스로를 질책하면서 변명하지 않는 길을 찾는 것이 상책이다.

뉘우침을 정면에서 다루면 더 좋은 협상인이 되고, 더 유능한 전략가가 되며, 더 전문적인 해결사가 될 수 있다. 뉘우침이나 과오를 밖으로 솔직하게 드러내면 자신의 지위가 더 튼튼해지고 타인과의 친화력도 높아진다. 진심으로 후회하고 부단히 자신을 뉘우치는 사람 앞에서는 강철 같은 심장을 가진 사람도 마음을 움직이지 않을 수 없다. 자기를 책망하는 마음은 거짓이 없는 참된 마음에서 우러나오며, 스스로 반성하고 자책하는 일은 노력하지 않으면 성취하기 힘든 습관 중의 하나다.

도로의 이름

　마틴 루터 킹 Martin Luther King, Jr. (1929~68)은 비폭력주의의 입장에서 대중적인 직접 행동을 통한 흑인 차별 철폐 운동을 지도한 미국의 목사였다. 인종 차별 정책을 폐지하고 편견을 없애자는 평화적인 운동을 1950년대 중반에 펼치기 시작하여 흑인들이 요구하는 법적·사회적·경제적으로 완전히 평등한 여러 가지 권리를 주장하는 인권 운동을 벌임으로써 전설적 인물이 되었다. 박사 학위 소지자였고, 노벨 평화상 수상자였다.

　노예 해방 100주년을 맞이하여 1963년 8월 워싱턴 광장에서 열린 평화 대행진 기념 행사에서 행한 그의 연설 "나에게는 꿈이 있습니다."는 학자들이 뽑은 '20세기 최고의 미국 정치 연설'에 올랐다. 미국 역사상 가장 많이 인용된 연설문 중의 하나가 되었던 것이다. 연설이 막바지에 이르렀을 즈음 25만여 명이 구름처럼 모인 현장의 열기가 무더위를 무색하게 할 만큼 뜨거웠다. 심상치 않은 군중의 반응에 연방 수사국이 그를 위험 인물로 지목하고 내부 보고서까지 작성했다.

차별을 없애자는 인권 운동은 성공적이었고, 그의 죽음은 개인 주택의 판매나 임대에 있어서의 인종적 차별 철폐 법안의 통과를 촉진했다. "흑인 어린이들과 백인 어린이들이 마치 형제처럼 손에 손을 맞잡고 사는 세상"을 자주 언급한 것으로 많은 사람들이 기억한다. 암살되기 전에 실시된 인기 투표에서 인종 차별의 폐지나 급진적인 경제 개혁의 요구에 불만을 품은 백인들의 영향으로 33%라는 낮은 지지를 받았지만 그의 인기는 시간이 갈수록 높아져 50년 후에는 90%에 달하는 미국인들이 그의 운동에 찬의를 표하는 것으로 나타났다.

현재보다 나은 미래를 이룩하기 위하여 이름을 바꾼다. 사표가 될 만한 인물의 업적을 기리는 뜻에서 이미 붙어 있는 도로의 이름을 그 사람의 이름으로 바꾸는 일은 여러 나라의 관행이다. 누군가의 이름으로 바꿀 때는 두고두고 그 사람을 기념할 수 있어야 하고, 그 사람의 진가가 세상에 널리 영향을 미칠 수 있게 주의를 기울여야 한다.

독일의 서부에 있는 마인츠 시의회는 킹 목사가 암살당한 3주 만에 가로의 이름 하나를 그의 이름으로 바꾸었다. 북부의 도시 슈베린에는 마틴 루터 킹로가 안네 프랑크로와 나란히 시의 중심부를 가로지른다. 안네는 나치스의 박해를 피해 은신처에서 겪은 일, 생각, 느낌 등을 날마다 적어 사춘기 소녀의 성장 과정과 꿋꿋한 용기를 격조 높은 문장으로 남긴 사람이다.

킹 목사가 출생한 애틀랜타에서는 8년 후에야, 암살의 현장인 멤피스에서는 40년 후에야 가로가 각각 그의 이름을 가지게 되었다. 하지만 얼마 전 내셔널 지오그래픽이 발표한 것을 보면 미국 내 955개 도로가 그의 이름을 가지고 있다. 독일, 프랑스, 남아프리카, 아이티 등에 있는 주요 도로의 이름까지 합하면 1,000개에 달한다. 비록 미국 내의 많은 킹로가 수입이 낮은 지역을 관통하고 있지만 수백 개의 도로를 대상으로 수행된 테네시 대학교 팀의 연구에 의하면 그 도로와 주요 간선 도로 사이에서 벌어지는 경제 활동에서 큰 차이는 발견되지 않았다고 한다.

로널드 레이건 대통령은 모든 사람이 동등한 권리를 누리며 공평하게 평가 받는 사회를 만들자는 킹 박사의 운동은 예우되어야 한다는 법안에 1983년에 서명했다. 그 결과 1986년 1월 20일이 처음으로 마틴 루터 킹의 날 공휴일이 되었다. 이어서 매년 1월 셋째 주 월요일이 그의 기념일로 지켜지고, 2000년 1월부터는 50개 주의 공식적인 연방 공휴일이 되어 보기 드문 그의 행적이 수많은 사람들에 의해 뜻 깊게 기념되고 있다.

킹 목사의 연설문에 나오는 단순문의 반복이 평등을 부르짖는 메시지의 힘을 증폭시켜 수많은 미국인들의 의식에 깊은 영향을 끼쳤다. 차별을 없애자는 인권 운동의 성공은 그의 꿈에 가까이 이르렀다고 생각된다. 사후 몇 십년 만에 미국 흑인들의 가난이 줄고 고교 졸업생의 수와 주택 보유율은 증가되었다. 시민권 운동에서 보인 지도력은 흑인 미국에 닫혀있던 교육 및 고용의 문을 열어젖히는 데에 크게 기여했고, 지금은 전 세계의 많은 젊은이들이 평등과

정의에 관한 그의 선견지명에 깊이 동감한다.

우리 나라 도시의 주요 도로에도 역사에 길이 남을 인물들의 이름이 붙어 있다. 내 제2의 고향 광주에는 충장로가 있다. 선조 25년에 조정의 종군 명령을 받아 이듬해에 의병을 정돈하고 권률의 휘하에서 곽재우와 협력하여 여러 차례 왜병을 격파한 임진왜란 때의 의병장 김덕령 (1567~96) 장군의 시호에서 유래한 도로명으로, 유명한 유행의 거리였다. 충장공은 광주시 충효동에서 출생했으며, 무등산 기슭에는 1975년에 건립한 그의 사우 충장사도 있다.

내가 사는 뉴멕시코 주 앨버커키에는 도심에 판문전로가 있다. 재향 군인 기념관 구내의 수려한 공원에는 한국 전쟁 참전비가 세워져 있으며, 거기에는 뉴멕시코 출신 전사자 215명의 이름도 낱낱이 새겨져 있다. 참전 용사회도 결성되어 매월 둘째 화요일에 만나 회의를 하면서 목숨을 걸고 싸웠던 때를 잊지 않고 우정을 두터이 한다. 회원들의 마음에는 한국전 휴전 협정이 조인된 장소 판문점이 깊이 새겨져 있다. 표지판의 잘못이 바로잡아지면 좋겠다.

미국을 재편하는 노인들

지난 2022년의 통계에 의하면 지구촌 인구의 거의 10%가 65세 이상이었다. 그 연령층의 증가는 계속되고 있어서 2050년에는 16%, 2100년에는 24%에 달할 것으로 추정한다. 미국의 경우 그 해에 17.3%로 지구촌의 통계보다 훨씬 더 높았으며, 2050년에는 22%에 이를 것으로 전망된다. 1950년에 8%에 불과했던 것을 고려하면 그 사이 노인 인구가 꾸준히 증가하고 있었음을 알 수 있다.

증가한 노인 인구가 미국을 대규모로 재편성한다. 주변을 살펴보면 어디서나 새로운 사회 현상이 나타나고 있는 것을 느낄 수 있다. 미래를 점치기 어려울 만큼 알게 모르게 변하는 모습이 경제, 문화, 사회, 정치 전반에서 감지된다. 노인들은 단순한 소비자 또는 부의 소유자를 넘어 노동자, 사색가, 혁신자의 역할을 한다.

시장의 형태를 바꿔 버리며 주식 회사나 선출된 리더들에게 압력을 가한다. 그 힘은 마땅히 자신들이나 후세의 인생 여정에 필요한 것들을 나라로 하여금 더 잘 준비하게 만드는 데에 사용되어야 한다. 변화는 비교적 좋은 방향으로 지속되고 있다. 그러나 우리 모두가 목표를 가지고 잘 늙자는 취지로 발족한 비영리 자선 단체 SCAN은 미국의 노령화에 대한 준비가 더디다고 주장한다.

   수십 년에 걸쳐 만연한 노인 차별에도 불구하고 지난 20년 간 65세 이상의 노동자 수가 117%나 증가했음을 노동 통계국의 발표가 보여 준다. 75세 이상 고령 근로자들의 증가율도 그와 같았다는 것은 놀라운 일이라고 하겠는데, 증가율은 점차 강해지는 추세에 있다. 노인 차별 방지 기구에 의하면 노인들을 채용하여 팀에 통합시키는 방법을 강의해 달라는 고용주들의 주문이 쇄도한다. 고령자들을 채용하는 것은 단순한 이타주의에서 나온 결과가 아니라 약 천만 개의 일자리가 아직 채워지지 않고 있어 모든 연령층에서 노동자들을 채용하지 않을 수 없게 만들고 있기 때문이다. 10년 이상 근무한 57세 이상의 고용인들을 시간제로 바꾸어 계속해서 근무할 수 있도록 제도를 마련하는 회사도 있다. 세금 보고서를 작성해 주는 회사에서는 매년 1~4월 사이에 퇴직자들을 주로 채용한다. 일자리를 잃은 사람들이 다시 일자리를 찾아가는 데 도움이 되는 소위 'returnship' 제도도 자리를 잡아간다.

   지금의 노인들은 활동적이고 건강하기를 원하여 건강 관리를 위해서는 돈을 아끼지 않는다. 정보에 능통하고 건강 의식이 뚜렷한 그들의 수요에 따라 거의 모든 소매 산업이나 조달 업자들이 건강 상품 및 서비스에 투자하며, 대형 점포 안에 처방 약품을 전시하거나 이동식 건강 관리소를 설치한다. 의료 분야의 변화 가운데 가장 주목을 끄는 것은 '자기 집에서 받는 치료'라고 할 수 있다. 뉴욕 대학교 병원이 2022년 9월부터 지역 내의 폐렴이나 천식 환자를 집에서 치료하기 시작하여 200여 명의 노인들에게 병원 수준의 치료를 제공했다. 한 해 뒤에는 그 프로그램이 미국 전역의 병원 300곳에서 실시되고 있는 것으로 나타났다. 그런 추세가 계속되면 2025년에는 메디케어에서 지불하는 금액이 2,650억 달러에 달할 것이라고 한다. 실로 놀라운 영향력이라 아니할 수 없다.

날마다 수천 명이 퇴직하며 그들이 가지고 있는 통장의 예금액이 전에 비하여 훨씬 많아 각종 금융 서비스도 늘고 있다. 은행, 투자 회사, 보험 회사들이 돈을 관리하고 허비하지 않으면서 사기꾼들로부터 보호하여 안전하게 퇴직할 수 있는 맞춤 상품이나 서비스를 쏟아 낸다.

기록적으로 많은 노인들이 스포츠 단체에 참여하여 직접 경험하고 새로운 기법을 배우면서 메달도 따는 기쁨을 누린다. 2023년 여름 피츠버그에서 열린 전국 노인 경기에서는 10,000명이 넘는 50~100세의 참가자들이 기량을 발휘했다. 1987년 참가자 수의 다섯 배를 넘었던 것이다. 피클볼은 미국에서 가장 빨리 커지는 스포츠다. 1965년에 개발된 정구, 배드민턴, 탁구의 여러 요소를 결합한 스포츠로, 나무채와 플라스틱 공으로 배드민턴 크기의 코트에서 남녀 노소가 함께 즐길 수 있는 운동이다. 배우기 쉽고 가족이 참여할 수 있어서 3천 6백만 명의 회원 49%가 55세 이상의 노인들이다.

은퇴자 협회가 조사한 것을 보면 60~69세의 노인들이 여행에 가장 많은 돈을 쓰는 것으로 나타났다. 많은 여행자들이 버킷 리스트를 작성하여 여행한다. 가족 여행이 엄마, 아빠, 애들의 여행을 의미하는 시대는 벌써 지났다. 조부모들도 여행하면서, 수영장 가에 앉아 가족과 함께 시간을 보낸다. 다세대 가족의 휴가가 크루즈 산업을 활성화하고 있다.

노인들은 쉬는 시간에 재미있게 놀아서 기분이 즐거워지기를 바란다. 여가를 선용하기 위하여 극장을 찾는 사람의 수가 늘어 영화 산업이 활기를 띤다. 마찬가지로 무대 예술에서 춤과 노래 등 시각 요소를 강조하는 쇼나 뮤지컬에도 노인들이 많이 참여한다. 안방 극장도 노인들이 많이 점유하기 때문에 거기에 맞춘 프로그램이 늘어난다.

정계에도 노인 인구의 영향력이 크게 작용한다. 2022년 미국의 하원 의원 선거에서는 박빙을 보인 63개 지역에서 50세 이상 유권자들의 투표율이 당락을 갈랐다. 노인 대변자들이 나이 든 노인들을 돕는 기금을 과감하게 늘리라고 주장하여, 의회와 행정부가 가족 돌보미들을 지원하는 계획을 세워 여러 곳에서 시행되고 있다.

미국의 참전 용사들

뉴멕시코 주는 세계 제2차 대전 중에 미군에 많은 도움을 주었다. 나바호 인디언들이 암호병으로 활약하면서 일본 사람이 알아들을 수 없다는 사실을 알아채고 암호 대신 자기들의 언어를 써 기밀이 탄로나지 않게 만들었던 것이다. 한국 전쟁에도 크게 기여했다. 당시 인구의 약 3퍼센트에 해당하는 20,000여 명이 참전하여 용맹을 떨쳤다.

앨버커키는 주도인 Santa Fe보다 인구가 열 배나 많은 큰 도시이며, 전쟁에 참가했던 사람들을 기리는 뉴멕시코 재향 군인 기념관이 세워져 있다. 구내의 공원에는 뉴멕시코 출신 전사자 215명의 이름이 새겨진 한국 전쟁 참전비가 휴전 55주년인 2008년 7월 27일에 세워졌다. 참전 용사회도 결성되어 30여 명의 회원이 목숨을 걸고 싸웠던 때를 잊지 않고 매월 둘째 화요일에 만나 회의를 하고 우정을 두터이 한다.

우여곡절 끝에 지어진 스페인어 이름 Albuquerque는 정확히 발음하기도 철자하기도 쉽지 않아 가끔 웃지 못할 해프닝이 벌어진다. 오죽하면 그 이름을 정확하게 쓰거나 발음할 줄 알면 그 사람은 뉴멕시코 사람이라는 농담도 있다. 앨버커키의 한국전 참전 용사들은 올바른 일이기에 목숨을 걸고 싸웠다는 자부심을 가지고 산다. 노인 회관에서 만난 존 헤그버 John Hegber는 임진강 전투를 겪은 용사로, 나를 자기들의 회의에 참석하게 해주었다.

그들은 한국을 사랑한다. 한국을 지켜 준 것을 자랑스럽게 여긴다. 매년 6월 25일에는 뉴멕시코 한인들과 함께 참전비 앞에 모여 비극을 상기한다. 자유는 거저 얻어지는 것이 아니다. 도와 준 나라 중에 전쟁의 고초를 겪고 분단된 상태에서 한국만큼 민주주의를 신봉하고 경제적으로 부상한 나라가 이 세상 어디에 또 있던가.

뉴멕시코 주 한인회는 1987년에 설립되어 명절이면 참전 용사들을 초청하여 점심을 대접하고 우의을 다진다. 한인회에는 노인회가 소속되어 있어서 자원 봉사자들이 매주 수요일에 노인들에게 점심 대접하기를 20년 넘게 하고 있다. 다른 주에서는 보기 힘든 현상으로, 참전 용사들을 만나 친해질 수 있는 계기를 자연스럽게 만들어 준다.

정년 퇴직하고 미국으로 옮아와 앨버커키에 정착한 것이 참 다행스러운 일이었다는 생각이 내 머리에서 사라지지 않는다. 우리 한인들은 용사들을 만나면 반갑고 고마워 무슨 일로든 돕고 싶어한다. 그들도 우리를 보면 남다른 반가움을 표시한다. 나는 6.25나 한국 정부에서 용사들에게 메달을 수여하는 날 또는 용사들 중 돌아가신 분의 추모식이 있는 날에는 행사에 참석하며 산다.

2017년 6월이었다. 한국전 휴전 협정이 조인된 날을 생생하게 기억하는 참전 용사들이 그 날 즈음에 가질 회의를 준비하면서 한국전 초기에 거듭되었던 후퇴와 전진 상황을 정리하여 모임에서 발표해 달라고 한인회장에게 부탁했다. 그들의 회의에 참석하여 전투 상황판을 두고 설명하는 것을 본 적이 있는 내가 그 역을 맡았다. 한국 전쟁을 다룬 책 두 권 (The Korean War, Max Hastings 1987, Simon and Schuster; Korean War Diary, William T. Y'Blood, Air Force History and Museums Program)에서 자료를 발췌했다. 먼저 1950. 6.~1953. 7. 사이에 벌어진 중요한 일들을 날짜 별로 정리했다. 관심이 클 것으로 예상되는 낙동강 전선 (1950.9.), 인천 상륙과 중국 접경까지의 진격 (1950. 11.), 일사 후퇴 (1951. 1.), 휴전 협정 (1953.7.)은 책에 나와 있는 지도를 복사했다. 자료가 자명하고 야전 상황판에 익숙한 분들이라 세세한 설명은 필요하지 않았으며 질문도 없었다.

참전 용사들은 전쟁 뿐만 아니라 다른 일로도 우리에게 도움을 주었다. 탄약 장교로 1953년 초 춘천 지역의 미군 부대에 부임했던 조 로스 Joe Rose는 그의 눈에 가장 먼저 띈 것이 여섯 살짜리 절름발이 소년 전재영이었다. 지역의 용한 의사를 수소문해서 수술을 받게 하고, 갈 곳이 없어 부대 안에서 기거하는 그를 기독교 집안에 입양시켰다. Jack이라는 이름으로 교육 받고 자라서 의젓한 회사원이 되어 하와이에서 사는 그와는 서로 안부를 주고받으면서 반드시 한 해에 한두 번은 만난다. 용사회에서 발표할 후퇴와 전진을 정리하던 중에 상의할 일이 있어 만난 조의 긴 얘기에 나도 모르게 빠져들어 감사의 정을 느꼈다.

하루는 조 내외를 평소 잘 다닌다는 음식점 Weck's로 초대했다. 주문하고 기다리는데 중년 사내 하나가 다가와 조에게 고맙다는 인사를 했다. 이어서 두 사람이 와서 악수하고 간다. 조의 모자에 새겨진 '참전 용사'를 보고 경의를 표하는 사람들이었다. 식사가 끝난 뒤 종업원이 와서는 어떤 사람이 우리의 밥값을 치렀다고 한다. 인사하고 간 사람 중의 하나겠지 했는데 식당을 나서는 우리에게 다가온 지배인이 조의 귀에 대고 밥값을 치르겠다는 사람이 둘이나 더 있었다고 일러 주는 것이었다.

옛날 일을 낱낱이 기억하는 조가 대우를 받는 모습을 보고 한없이 흐뭇했다. 우리는 같은 시간에 거기서 다시 만나 점심을 먹자고 한 약속을 지키고, 다음에도 가끔 만났다. 그런데 John도 Joe도 벌써 세상을 떠났다. 한인회의 초대에 참석하는 용사들의 수가 해마다 줄어들어 우리 한인들의 마음은 그지없이 안타깝다.

삼독

　독은 건강이나 생명을 해치는 성분이다. 붓다는 탐·진·치를 사람의 착한 마음을 해하는 세 가지 독으로 분류하여 부처의 구제 대상이 된다고 설파했다. 삼독이라고도 하는 탐진치는 사람의 고유한 특징으로 너나없이 우리 모두를 속박하는 올가미다. 하지만 욕심이 생기고, 성이 나고, 어리석은 것은 타고나는 기질이라기 보다는 마주하고 해소해야 할 자연스러운 성품이라고 하는 것이 타당하다. 그 중의 탐과 진은 타인을 대하는 인간의 태도와 느낌이고, 치는 진실에서 벗어나는 모든 생각이다.

　무엇을 가지거나 차지하고 싶은 것이 욕심이다. 필요가 욕심을 낳기 때문에 욕심은 사람의 가장 기본적인 느낌이라고 할 수 있으나 정신적 및 물질적 욕망이나 욕심이 지나치면 탐욕이 된다. 많은 사람들이 흔히 재욕, 색욕, 식탐, 명예욕 등에 홀려 자기 본래의 바른 정신을 차리지 못해서 자신의 건강을 해치는 것은 물론 주위와 사회에도 상처를 입힌다. 일종의 사회적 적응 장애라고 할 수 있다.

말 타면 경마 잡히고 싶어 진다. 좋아하는 것을 더 많이 바라는 속성 때문이다. 그러나 탐욕의 끝은 비극이며 사회적 비판이라는 비싼 값을 치른다. 도박, 환락, 주색에 탐닉하다가는 집안을 망친다. 건강보다 더 큰 은혜는 없고, 만족할 줄 아는 마음보다 더 귀한 것은 없다는 말이 예로부터 전해 온다. 탐욕에 휘둘리지 않으면 대인 관계가 향상되고 자존감도 높아져 진정성 있는 삶을 살 수 있는데, 탐욕스러운 사람은 '만족'이라는 단어를 모른다.

자기 의사에 어그러짐에 대하여 성내는 것이 노여움이다. 분노는 진에瞋恚 라고도 하며 줄여서 진이라고 한다. 화는 못마땅하거나 언짢아서 나는 성인데 시기, 절망, 미움, 두려움을 하나로 묶어 화라고 한다. 증오, 반감, 분통, 혐오, 시기 등이 모두 분노의 표현이다. 분노와 미움은 몸과 마음을 함께 파괴하며 특히 혈관계에 해로운 영향을 미친다.

화가 일어나는 것은 마음속에 화의 뿌리를 가지고 있기 때문이다. 무지, 그릇된 판단, 이해와 연민의 부족 등이 그 뿌리다. 평상시에는 숨겨져 있던 화가 외부로부터 자극을 받으면 갑작스레 마음 가득 퍼진다. 화는 예기치 못한 큰일을 당해 생길 수도 있지만 대개는 일상에서 부딪치는 자잘한 문제 때문에 일어난다. 그래서 화내는 것이 습관화하기 쉽다. 진은 누가 조금만 충고하거나 비판해도 발끈하는 것으로 '인내'라는 어휘를 모른다.

치는 너무 미련하고 우둔해서 미친 듯한 짓을 하는 일을 일컫는다. 어리석음이나 무지 또는 무명을 나타내는 말로 쓰이며 노여움이나 욕망 따위의 근원이다. 모든 일은 원인에서 발생하는 결과이고 원인이 없이는 아무 일도 일어나지 않는다. 어떤 정보를 모르는 것에 비하여 자연계나 인간계에서 일어나는 온갖 현상의 진정한 본질에 대해 근본적으로 잘못 이해하는 것이 더 큰 문제다.

겉으로 나타나는 현상의 본질을 올바르게 보아야만 만물의 진상을 바르게 판단할 수 있다. 우주 만물은 항상 유전하여 한 모양으로 머물러 있지 않는다. 그런데 치는 모든 현상을 영원한 것으로 보고 그것의 진정한 본질을 잘못 인정하는 것이다. 대부분의 사람들이 '나' 라는 존재가 영원히 죽지 않을 거라는 믿음을 가지고 그렇게 행동한다.

사람에게는 자비를 베풀 수 있는 타고난 능력이 있다. 인간은 기본적으로 평화로우며 행복을 추구하는 존재다. 이런 말들은 비록 간단하지만 삶에서 부딪치는 크고 작은 문제를 해결하는 데에 많은 도움을 줄 수 있다. 행복을 가치의 기준이나 선으로 삼고 목적을 실현할 때까지 뒤쫓아 구하면 좋은 결과를 얻을 수 있다.

불교에서는 탐·진·치를 깨달음을 방해하는 독이라고 하나 그에 앞서 나는 그것이 근본적으로 사람의 행동이나 생활에 지침이 되는 교훈이라고 생각한다. 삼독을 바르게 이해함으로써 어떻게 살아야 하는지, 바르게 사는 방법이 어떤 것인지를 깨달을 수 있기 때문이다. 바르게 살면 삶에서 받는 고통을 크게 덜 수도 있다. 그러나 무지를 추방하고 깊이 생각하여 이치를 터득하지 못하면 결코 행복해질 수 없다.

삶에는 필연적으로 고통이 따른다. 우리는 고통을 싫어하는 성향을 갖고 있으나 고통이 삶의 일부라는 것은 피할 수 없는 사실이다. 세상 물정에 대하여 바르게 생각하고 판단하는 정신 능력을 갖추어 고통의 본질을 이해하면 삶이 주는 불가피한 슬픔을 받아들이는 데에 도움이 될 뿐만 아니라 일상의 문제들도 올바른 시각으로 바라보게 된다.

고통의 근본 원인은 욕망과 미움과 무지이다. 그 중에서도 특히 무지는 노여움이나 욕망 따위의 근원이다. 현실을 바라보는 잘못된 관점이어서 육체적 또는 정신적인 아픔과 괴로움을 초래하고 이상과 현실 사이에서 고뇌하게 만든다. 이러한 시각을 바탕으로 마음을 순수하게 정화시켜야 고통이 없는 상태에 이를 수 있다.

몸부림하여 얻은 부귀나 명예가 얼마나 허무한지를 알고, 화는 일차적으로 자신에게 책임이 있는 것임도 알아야 한다. 곧잘 화를 내고 탐욕적이며 미혹에 빠지는 자신을 똑바로 인식할 때 그런 것들을 없애야 한다는 마음도 생긴다. 내가 누구인지를 알고, 본성에 대한 자각으로 세상을 살아야 행복감을 맛볼 수 있다.

앙겔라 메르켈

앙겔라 메르켈은 16년 (2005~2021) 동안 독일의 수상을 지낸 물리 화학 박사다. 임기 중에 경청과 합의에 기본을 두고 자유, 민주주의, 인권 등 인류의 보편적 가치를 지키는 리더십을 끊임없이 발휘했다. 전체주의 체제에서 35년을 살았지만 독재에 물들지 않고 자유 민주주의의 대표 선수로 인기주의에 맞섰다. 은퇴할 때까지 국민의 지지와 세계의 호평을 받은 정치인이었다.

독일은 세계 제2차 대전 후 오천만 명의 이민을 받아들였고, 현재 살고 있는 사람 8명 중 하나는 타국에서 태어난 사람이다. 영국이 유럽 연합을 탈퇴하기로 결정한 2015년은 유럽이 이주민 위기를 겪은 해이기도 하다. 독일은 유럽 연합 국가들 중에서 가장 많은 수의 난민을 받아들여, 그들이 문화에 끼친 영향으로 많이 시달렸다.

그 해 8월 하순에는 중동 난민들이 쇄도하는 바람에 긴장감이 극에 달했다. 드레스덴 외곽의 난민 수용소 부근에 있는 경찰서를 네오나치가 습격했다. 메르켈 수상이 독일은 난민을 지지한다는 것을 보여 주기 위해 수용소를 방문하자 나치즘을 신봉하고 그 부활을 꾀하는 무뢰한들이 악다구니를 퍼부었다. 정부의 권력은 국민에게서 나온다고 외치면서 큰 소리로 창녀라거니 멍청한 매춘부라거니 매도하고, 나치 시대에 쓰던 '민족의 배반자'라는 말까지 마구 지껄였다.

앙겔라는 닷새 뒤인 8월 31일 연중 행사인 여름철 기자 회견을 베를린에서 가졌다. 바로 그 시각에 헝가리의 부다페스트에서는 수많은 시리아 난민들이 독일행 기차를 향해서 돌진하고 있었다. 좀처럼 침착한 태도를 잃지 않는 그녀는 독일 정부는 금년에 팔십만 명의 난민을 맞이할 준비를 하고 있다고 담담히 말했다. 그 숫자는 연말에 백십만 명으로 늘었다.

"독일 헌법은 정치적 망명권을 보장한다. 사람의 존엄성은 침범할 수 없다. 독일은 강한 나라다. 우리는 많은 과업을 성취했다. 따라서 이 일도 능히 해낼 수 있다." 독일은 경제력이 충분하여 난민 수를 제한할 필요가 없다고 주장했다. 유럽은 하나가 되어 난민 문제에 대처해야 한다고 늘 역설했다.

돌을 던지거나 모욕을 주는 사람보다 훨씬 더 많은 독일인들이 난민들을 여러 가지 방법으로 도와 주고 있었다. 난민 문제를 주의 깊게 관찰한 평론가들은 수많은 독일인들이 난민을 돕는 데에 개인적으로 투자하기로 선택했다는 사실에 놀라움을 금치 못했다. 이주민 위기의 초기에는 위선자라고 할 만큼 한쪽으로 치우친 정책 때문에 비판의 대상이 되기도 했지만 그 이후의 메르켈의 정책적 결정은 성공적이었다고 평가되었고, 그 용기와 열정을 높이 사 국제 연합에서 난센상을 수여했다.

독일은 패전 후 기적이라고 할 만한 경제적인 성장을 이룩하고 분단 국가의 어려움에서도 벗어나 세계의 질서를 선도하는 나라로 발돋움하고 있다. 독일인들은 논의의 여지가 없는 주어진 조건에서 모든 일을 새로이 시작했다. 역사에서는 모범이나 준거를 찾을 수 없어 일의 순서나 방법은 물론 규범이나 명령 등을 그대로 좇아서 어기지 않는 것으로 대신했다. 타협과 양보에 익숙하여 갈등이 생기면 절차와 대화로 풀어 사회의 결속을 다졌다.

극우파 정당이 세를 불리고, 러시아나 중국 등의 권위주의 정권에 대한 태도가 명확하지 않으며, 사회 기반 시설의 낙후로 걱정되는 일도 없지 않다. 그러나 많은 독일인들은 자기들의 나라가 존경받는 나라가 되기를 원해서, 그 이상을 실현하려고 노력하고 있다. 미국의 정치 평론가 윌 George Will은 '오늘날의 독일은 온 세상이 여태껏 보던 중에 최고의 독일이다.'고 평했다. 난민들의 독일어 교육에 뛰어든 나이 든 전직 교사는 내 생애 처음으로 이제 내 나라 독일이 자랑스럽다고 자신 있게 말할 수 있다고 한다.

메르켈은 수상직을 수행하는 동안 나치 독일의 전쟁 범죄를 여러 차례 사과했다. 국내외의 나치 강제 수용소를 찾아가 참회하고, 기회가 있을 때마다 나치가 폴란드에 이어 소련까지 쳐들어가면서 수백만 명을 희생시킨 것을 수치스럽다고 표현했다. 재임 기간에 예루살렘을 여덟 번이나 방문하여 진심으로 뉘우치는 모습을 보였다.

정치 지도자가 자기 나라의 과거사에 대해 사과하는 데에는 정치적인 부담이 따르기 마련이며 때로는 자국 보수 세력의 비판을 받아 인기를 잃기도 하지만 개의하지 않았다.

그녀의 최고 자산은 다른 나라로부터 신뢰를 받는 것으로 모든 일에 신중을 기했다. 메르켈이 2015년 6월 1일 '독일은 이민의 나라였다.'고 공식적으로 말하자, 일간지 Frankfurter Allgemeine는 그 말을 역사적인 선언이라고 표현했다. 인도의 신문 The Statesman은 '겸손, 균형, 안정감, 상식을 보여 준 메르켈은 전 세계가 소중히 간직해야 할 리더'라고 보도했다.

아데나워 Conrad Adenauer (1876~1967)는 나치에 협력하지 않은 죄로 쾰른 시장직을 박탈당하고 수차례의 옥고를 치른 정치인이다. 제2차 세계 대전 후 서독의 초대 수상이 되어서는 14년의 임기 내내 이전 적국들과의 화해에 무진 애를 썼다. 그의 정치력, 결단성, 실용주의, 탁월한 선견지명 등이 오늘의 독일을 낳은 초석이었다. 독일인들은 2003년에 그를 역사상 가장 위대한 독일인으로 선정했다. 나는 독일인의 국민성 특히 행동 양식을 높이 산다. 우리와는 달리 비록 더디지만 무슨 일이든 확실하게 처리하는 그 양식이 통일을 앞당겼다고 믿는다.

인간의 본성

동북 아시아의 정신 생활을 2천 년이 넘도록 절대적으로 지배하면서 사람으로 사는 길이 어떤 것인가를 일깨워 주는 성인 공자는 잘못하고도 고치지 않는 것이 바로 잘못이라고 했다. 고전주의기의 대표자로 풍자적인 작품을 쓴 영국의 시인 알렉산더 포프 (1688~1744) 는 잘못은 인간에게 흔히 있는 일이고, 용서는 신이 하는 일이라는 말을 남겼다.

잘하지 못한 일이나 옳지 못하게 한 짓이 잘못이다. 과오나 과실이라고도 하며, 일부러 하는 행동이나 생각과는 다르다. 잘못을 저지르는 것은 사람의 특성이고, 용서는 신이 지닌 기본 성품이다. 그러나 죄는 잘못이 지나쳐 양심이나 도의에 벗어나는 행위이며 법에 어긋나는 행위다.

유미파의 사도로 자처하면서 미를 위한 미를 제창한 아일랜드의 시인이요 비평가였던 오스카 와일드 (1854~1900) 는 성인과 죄인 사이에는 단 한 가지의 차이가 있을 뿐이어서 모든 성인에게는 과거가 있고 모든 죄인에게는 미래가 있다고 했다. 성인에게도 수치스러운 과거가 있고, 죄인에게도 뉘우쳐 새로운 사람이 될 수 있는 미래가 있음을 뜻하는 말로 들린다.

그 뜻을 여러 사람이 쉬운 말로 밝혀 말했다. 영국의 극작가이면서 시인이었던 윌리엄 셰익스피어가 남긴 운명을 결정하는 것은 타고난 별이 아니라 바로 자신이라는 말이나, 미국의 제16대 대통령 아브라함 링컨의 오늘 교묘히 모면한다고 해서 내일의 책임에서 벗어날 수는 없다는 말과 같은 의미라고 보는 사람도 있다. 훌륭한 종교 지도자로 평가 받으면서 1984년 여름 한국을 방문한 길에 나에게 영세를 주신 교황 요한 바오로 2세 (1920~2005) 는 미래는 오늘 시작되는 것이지 내일 시작되는 것이 아니라는 뜻이라고 풀이했다.

칼릴 지브란의 『예언자』는 내가 대학생이 되던 해에 구입하여 소장하고 있는 책으로 유학 시절에 원본까지 구하여 소장하고 있다. 그 산문시집에는 여러 가지 삶의 근본적인 문제들과 그에 대한 답들이 실렸다. 행동이나 생활에 지침이 될 만한 것들이 많아 지금도 가끔 읽어 본다.

어떤 인간도 남을 판단할 만큼 순수하지도 완벽하지도 않다. 그런데 많은 사람들이 죄인을 이방인이며 자기들의 세계에 뛰어든 침입자인 듯 말한다. 정의로운 자라도 사악한 자의 행동에 비추어 보면 아무 허물 없이 자유로울 수 없으며, 정직한 자라도 악한 자의 행위 앞에서 흠없이 청정할 수는 없다. 그래서 부정한 자와 정의로운 자를, 사악한 자와 선한 자를 분명하게 가를 수는 없다. 죄인이란 때로는 피해자의 희생물이다. 흉악한 범인이라도 동시대 사람들 모두의 '숨은 뜻' 없이는 죄를 범할 수 없다. 모든 문제를 두 가지의 시각으로 보는 그의 세계관이 낳은 표현이라는 생각이 든다.

　본성은 사람이 타고나는 바탕 또는 자질이다. 맹자는 일찍이 인간의 본성을 선하다고 했다. 사물마다 그 자체의 아름다운 덕을 가지고 있 듯 사람에게는 저마다 선량한 본성이 있다. 사람의 본성은 착하나 나쁜 환경이나 물욕으로 악한 일을 저지르게 된다. 공자도 사람의 본성은 저절로 완벽하며 모두 서로 비슷하지만 자라면서 습성이 달라져 다른 사람이 된다고 했다. 배움과 수양의 차이가 선악의 거리를 배도 되고 다섯 배도 되게 만든다 (논어 양화: 2).

　사람치고 선량하지 않은 사람이 없으며, 물치고 아래로 흘러가지 않는 물이 없다. 인간의 본성이 선한 것은 물이 아래로 흘러가는 것과 같다. 어떤 사람이 선량하지 못하게 되는 것은 그 사람의 타고난 바탕이나 자질 탓이 아니다. 모든 사람은 사는 동안 인간고를 겪기 마련인데, 그 상처나 아픔은 사람을 비참하게 하고 때로는 비인간적인 만행을 저지르게 만든다. 그래서 악한 짓도 할 수 있지만 그것은 특수한 외부의 조건이나 힘 즉 형세에 의해서 그렇게 되는 것이다.

　유교 수양론의 핵심은 사단 칠정이다. 사람이 느껴서 움직이는 마음 속의 기분이나 생각인 일곱 가지 감정이 칠정이다. 그리고 사단은 인간의 본성에서 우러나는 네 가지 마음씨 인의예지다. 남을 동정하는 마음이 인이고, 수치를 느끼는 마음은 의이며, 사양하는 마음이 예이고, 옳고 그른 것을 판단하는 마음은 지이다 (공손추 상: 3.6).

사단은 외부로부터 스며든 것이 아니고 본래부터 가지고 태어나는 것이다. 인간에게 네 가지 싹 [端]이 있음은 마치 사지가 있는 것처럼 자연스럽다. 누구나 차마 남에게 모질게 할 수 없는 마음이며 모든 사람이 다 가지고 있는 도덕적 능력이다. 구하면 얻을 수 있고 내버려 두면 잃어 버려 본성의 바탕이나 자질을 충분히 발휘하지 못하게 되는데 사람이 단지 그것을 생각하지 않고 있을 뿐이다.

그러나 인간의 본성은 그 자체로서는 인이라고도 의라고도 할 수 없다. 선을 행하기 위해서는 꾸준히 배우고 스스로 노력해야 한다. 세상에는 심각한 위험에 처한 사람을 도와 주는 무사 무욕의 행위를 하는 사람도 많다. 위험을 무릅쓰고 자기와 무관한 타인을 돕다가 희생당하기도 하는 애타적 행위는 인간의 본성이 선하다는 증거다. 마음을 비우고 집착을 버리면 가장 확실한 우리의 재산인 본래의 선함이 마음 속에 들어와 가득 채운다.

정의로운 결정

트루먼 Harry S Truman (1884~1972) 은 지극히 평범한 보통 사람이었다. 학벌도 변변찮았고 집안 배경도 대단하지 않아 젊었을 때 가진 직업도 볼품이 없었다. 하지만 남달리 씩씩하고 굳센 기운을 지닌 사내였다. 1944년의 미국 대통령 선거에서 부통령에 당선되었으며, 다음 해 4월 루스벨트가 뇌일혈로 별세하자 대통령직을 이어받고 재임에 성공하여 임기 (1945~53) 를 마쳤다.

재임 중에 역사상 중요한 몇 가지 일을 수행하여 유명한 대통령으로 알려졌다. 유럽에서 연합군이 승리한 직후 일본에 보낸 항복하라는 제안이 거절되었을 때였다. 보좌진이며 중요한 인물들의 자문을 거친 뒤 세계 전쟁에 헌신했다고 알려진 일본의 두 도시에 원자탄을 투하하라고 명령했다.

그의 외교 정책 역시 특별히 주목 받을 만하다. 소련이 제2차 세계 대전 후에 미국과 그 동맹국들 간의 경제적인 교류는 물론 정치적 및 군사적인 힘의 균형까지 위협한다는 사실을 간파하고 반소 정책을 임기 내내 시행했다. 공산주의 세력의 직접 위협에 처한 그리스와 터키 두 나라에 대한 군사 원조를 의회가 요청하자 트루먼은 1947년 3월 12일 미국의 정치적 목적을 실현하기 위한 외교 정책을 의회에서 공식적으로 선언한다. 트루먼 독트린이라고 알려진 그 선언은 공산주의 세력 또는 전체주의적 이데올로기에 대항해서 직접 위협에 처한 그리스·터키는 물론 같은 처지의 모든 나라에 군사적 및 경제적 원조를 제공한다는 내용이었다.

트루먼은 한국 전쟁 중에 두 번 우리에게 도움을 준 대통령으로 한반도를 파멸의 위기에서 구하는 데에 지대하게 공헌했다. 미국 시간으로 1950년 6월 24일 토요일 밤 9시에 북한군이 남침했다는 보고를 받고 단 10초 만에 미군의 참전을 결정했다. 전쟁이 자기 나라에 미칠 영향을 먼저 생각하고 주위의 의견을 들어 결정하는 것이 상례이지만, 나쁜자들이 쳐들어왔으니 물리쳐야 한다는 생각 하나로 결정을 내렸다고 전해진다.

중공군의 참전으로 전세가 크게 불리해졌던 1950년 10월에는 영국의 수상 애틀리 Clement R. Attlee가 연합군을 한국에서 철수시켜 유럽에 배치하자고 제안했다. 그러자 명문가 출신에 정치 감각이 뛰어난 미국의 주요 인물들도 그 제안에 찬성하면서 한국을 포기해야 한다고 주장했다. 의리를 중시하던 트루먼은 단호하게 반대했다. "우리는 한국에 머물 것이고 싸울 것입니다. 다른 나라들이 도와 주면 좋습니다. 그러나 도와 주지 않아도 우리는 어떻게든 싸울 것입니다. 우리가 한국을 버린다면 한국인들은 모두 살해될 것입니다. 그들은 우리 편에 서서 용감히 싸웠습니다. 우리는 상황이 불리하게 돌아간다고 해서 친구를 버리지 않습니다." 한국을 포기하기는커녕 두 번의 세계 대전 때에도 취하지 않았던 국가 비상 사태를 선포하고, 국방 예산을 증액하여 과감히 공산군과 맞섰다. 당시에는 한국전에 막대한 물자와 군대를 투입하는 것에 대해 내외적으로 거센 비판을 받았지만 시간이 지날수록 트루먼에 대한 평가는 좋아졌다.

한 인간이 가지는 신체적·정신적·정서적·사회적 특질은 상황에 따라 쉽게 변하지 않아서 사고 방식이나 태도 및 행동으로 나타난다. 그것이 다른 사람의 눈에 보이는 인품이다. 사람으로서 지켜야 하는 올바른 도리인 정의는 지혜, 용기, 절제가 완전히 조화를 이룬 사람이라야 실현할 수 있는 덕목이다. 먼 데 것이 뚜렷하게 보이지 않는 근시여서 입대가 불가능했음에도 불구하고 트루먼은 세계 제1차 대전이 일어나자 시각 검사판을 통째 기억하여 신체검사를 통과한 다음 포병 장교 대위까지 승진했다. 생명에 위협이 되기 때문에 대부분의 사람이 피하는 길을 과감히 택한 것이다.

해방 후 두 쪽으로 갈라져서 헝클어진 것을 가다듬어 바로잡을 시간도 충분하지 않았을 북한이 남침한 데에는 배후에 소련이나 중국이 개재되어 있다는 사실을 분명하게 알아차렸다. 흔히 국내에서는 국가주의를 강조하고 대외적으로는 침략 정책을 써서 전쟁을 일으키는 것이 공산당의 팽창주의 아니던가. 자국의 대외 정책을 만

방에 알린 트루먼이 그런 부당한 행위를 보고 죽치고 있을 수는 없었을 것이다. 신속한 미군의 한국전 참전은 참으로 정의로운 결정이었다.

　유엔군 총사령관 맥아더 장군은 인천 상륙 작전으로 북한군의 병참선을 일거에 차단함으로써 반격의 계기를 마련하여 영웅이 되었다. 그가 나중에 만주 지구 공격 등의 강경책을 주장하다가 해임된 사실은 트루먼이 전쟁을 확대하여 인명을 살상하는 것을 원하지 않았음을 보여 준다. 트루먼은 자식의 교육에 관하여도 일정한 체계의 전문적인 견해를 가진 사람이었다. "아이들에게 조언하는 가장 좋은 방법은 아이들이 무엇을 원하는지 알아내어 그것을 하라고 조언하는 것이다." 라는 명언을 남겼다. 어른이 할 수 있는 가장 중요한 일은 애들의 말을 주의 깊게 들어 주는 것임을 깨달은 말이다.

　무슨 일이든 실용적이고 사려 깊게 결정하는 대통령이었다. 재임 중에 항상 책상 위에 'The Buck Stops Here.' 라고 쓰인 푯말을 세워 두고, 모든 일의 궁극적인 책임은 자기 행정부에 있다는 신념을 보여 주었다. 위기에 놓였던 작은 나라 대한 민국이 전쟁 이후 놀랍게 발전한 것도 트루먼의 안목이 높았다는 것을 증명한다. 그에 대한 평가가 미국의 역대 대통령 가운데 높게 유지되고 있다. 영원히 역사에 남을 행적이었기 때문이다.

효도

만물의 영장인 인간은 선악을 분별하여 그 규범과 원칙에 따라 행동할 수 있는 의지를 견지하는 특징을 지니고 있다. 공자는 여러 가지 도덕적 가치 가운데 가장 중요한 덕목을 '인'으로 꼽았다. 인은 인간이 인간으로서 갖추고 실천해야 할 도덕적 속성이어서 인간으로 사는 길인 도와 같다고 했다. 사람의 본성인 인은 영원히 사라지지 않는 꿈이며 궁극적 희망이다.

한자 人은 자기 이외의 다른 사람을 뜻하기도 한다. 사람됨의 근본을 뜻하는 한자 仁에는 사람(人)과 둘(二)이 합쳐져 사람과 사람 사이의 연계 즉 더불어 사는 세상을 나타내 주며 홀로는 살 수 없는 것이 사람임을 똑똑히 보여 준다. 남의 어려운 사정에 마음이 아파 베푸는 도움, 애정을 남에게 미치게 하는 도덕적 심정, 덕있는 사람, 씨에서 껍질을 벗긴 배라는 뜻도 가지고 있는 글자다. 구성원들이 도덕적·윤리적 이상을 실현해 나가는 인격적 능력인 덕을 갖추고 실천할 때 이상적인 사회가 이루어진다.

효는 인을 이룩하는 기초이며, 도덕을 실천하는 기본이다. 부모의 사랑을 알아채어 감사히 여기고 그것을 되갚는 것이 효다. 집안을 바르게 다스리는 것이 천하의 근본이라는 견지에서 효의 문제는 매우 중요했다. 공자는 효를 지키고 집안을 다스리는 것은 군자가 나라를 다스리는 것과 같다고 생각했고, 덕으로 다스려져 태평했던 요순 시대의 순임금을 두고 "순은 대효이셨다."는 말로 격찬했다.

순은 부모와 형제의 사랑을 받지 못한 사람이었다. 계모와 이복 동생이 죽이려고 몇 번이나 작당하는 바람에 평소에 의지가지없는 사람이 몸 붙일 곳 없어 하는 것처럼 보였다. 맹자는 "순은 자기 부모를 원망했습니까?" 하고 묻는 제자에게 "순은 부모의 사랑을 애타게 그리워하면서도 한편으로는 부모를 애틋하게 생각하고 받들었다. 나이 오십이 되어서도 부모를 사모한 사람을 나는 위대한 순에게서 보았다."고 대답했다. 순은 오직 부모의 사랑을 받는 것만이 근심을 없앨 수 있었기 때문에 요임금의 두 딸을 아내로 맞이하고, 가지고 있는 부가 천하를 차지할 정도에 이르렀으며, 천자의 지위에 올랐지만 그 어떤 것도 걱정을 덜기에 부족했던 것이다.

수나라 말기에서 당나라 초기에 중국에서 나온 대승 불교의 경전 『부모 은중경』은 부모의 은혜가 한량없이 크고 깊음을 설하여 반드시 그 은혜에 보답해야 한다고 역설한다. 조선 중기 이후에 언해본이 출판되어 우리 나라에서 널리 쓰인 그 경전에는 음력 7월 15일에 열리는 우란분재에 참석하여 조상의 혼을 불러 공양하는 방법으로 부모의 은혜에 보답하라는 구체적인 방법까지 제시하고 있다.

증자가 스승 공자의 효도에 관한 말을 수록한 유교의 경전 『효경』에도 효의 원칙과 규범이 적혀 있어서 비슷하다는 평을 받고 있다. 효경이 효를 강조한 데 비하여 은중경은 은혜를 강조하며, 은중경이 주로 어머니의 은혜를 강조하는데 효경은 아버지의 은혜를 두드러지게 내세워 대조를 보인다. 정신 분석학자 비온 Wilfred R. Bion (1897~1979) 에 의하면 어렸을 때 분출하는 욕망을 엄마가 자기의 마음에 잘 받아들여 소화시켜서 돌려주기 때문에 사람들은 마음이 건강하게 자랄 수 있다고 한다.

옛부터 효행은 백 가지 행동의 뿌리라고 했다. 중국 송나라 때 철학을 집대성한 주자는 뛰어나거나 색다르지 않으면서 항상 존재하는 행위가 효라는 뜻에서 용행지상庸行之常이라고 표현하고 있다. 효행으로 닦은 사랑하는 마음은 가족 내에 머물고 마는 것이 아니라 사회와 국가를 넘어 동물에까지 미친다. 효를 백행의 근본이라고 하는 소이이며 수신 제가 치국 평천하의 어원이 되었던 것이다.

몸과 마음을 수련하는 국선도는 신체의 건강에는 여러 가지 건강법을 준수하고 운동하는 것도 중요하지만 마음의 건강을 위해서는 그에 합당한 정신 자세를 가질 필요가 있다고 가르친다. 마음 깊은 곳에 항상 감사와 함께 은혜를 갚고자 하는 효심이 불타고 있어야 수련의 효과를 거둘 수 있다는 것이다.

효행은 예나 지금이나 쉬운 일이 아니라는 생각이 든다. 공자는 "요즈음 효도란 봉양만 잘하면 되는 줄 안다. 개나 망아지도 사람이 먹여 살린다. 부모를 모시며 공경하는 마음이 없이 먹여 살리기만 한다면 개와 말을 기르는 것과 무슨 차이가 있겠는가?"라고 주의를 주었다. 양육이라는 행위에는 동기가 중요하다. 부모를 존중하는 마음의 근원은 인간만이 가진 인이라는 이타적 심성이다.

이 시대의 부모들은 모든 것이 부족하기만 한 여건에서 오직 자식들의 행복과 성공을 위해 노력하고 희생을 감수한 분들이다. 그래서 우리는 어떤 일에도 먼저 효행이 중요함을 인식하고 자식으로서 도리를 게을리 하지 않도록 노력하는 자세를 갖추어야 한다. 아울러 하늘이 베푸는 은혜도 느끼고, 천명을 좇아 마음의 안정을 얻는 것이 바람직하다.

대효는 지극한 효도 또는 지극한 효자를 일컫는 말로 달리 지효라고도 한다. 편지에서 친상을 당한 사람에게 존칭으로 쓰였다. 부모의 은혜는 하늘보다 높다. 우리 민족은 유교의 영향을 많이 받아 효도를 하지 않고는 탈이나 걱정되는 일이 없이 살지 못한다고 생각한다. 스스로의 기쁨과 행복을 위해서는 물론이고 자식들의 교육을 위해서도 항상 부모의 은혜에 진심으로 감사하는 마음으로 정성을 다하면서 살아야 한다.

제3부

계획

실패의 교훈

예산 세우기

자유와 평등을 넘어서

지표 생물

질문

출산율

편견

행복

계획

 인생 자체에 관심을 가진 사람은 때때로 묻는다. 나는 어디서 왔는가? 왜 우리는 여기에 왔는가? 우리는 무엇을 위해 살아야 하는가? 신은 있는가? 죽음이란 어떤 것일까? 나는 어떤 사람인가? 나는 과연 무엇을 해야 할까?

 그러나 모두가 확실한 대답을 듣거나 제대로 알기는 거의 불가능한 질문이다. 그래서 인생은 그저 흘러가는 것이고 우리는 거기에 놓여 있을 뿐이라고도 하고, 인생에는 우리가 중요하게 생각하는 것보다 훨씬 더 중요하고 아름답고 만족을 주는 어떤 것이 있다고도 하는지 모른다. 생각에는 보다 적은 의미를 부여하고, 자신의 생각보다 더 중요하고 심오한 다른 무엇인가가 있다는 사실을 깨달으면서 살라고 하는지도 모르겠다.

 사람은 삶에 대응하기 위해 미리 준비하면서 세월을 보낸다. 계획의 사전적 의미는 앞으로 할 일의 방법, 차례, 규모 따위를 미리 생각하여 정하는 것이다. 중국 송나라의 주세중이라는 학자는 사람이 행복하게 살기 위해서는 다섯 가지 계획을 똑바로 세워야 한다고 했다. 그 인생 오계五計를 세시 오계라고도 부르는 것으로 보아 새해의 첫머리를 맞이하여 계획을 세워 실천하면 좋다는 뜻인 것 같다. 그는 예측하기 어려운 미래의 일을 올바르게 아는 예지적 능력을 가진 사람이었다고 생각된다.

생계生計는 내가 장차 무슨 일을 하면서 살 것인가 하는 인생 전반의 설계도다. 세상에 태어나는 순간 인간에게는 소중한 생명체로서 세상을 살아갈 권리와 의무가 주어진다. 아울러 행복할 권리도 부여된다. 어려서는 부모 밑에서 자라면서 세상 사는 지혜를 익힌다. 하지만 나중에는 홀로 서서 살아갈 방도를 찾지 않을 수 없다. 직업에 관한 계획을 세워 만반의 준비를 갖추는 것은 사람의 일생이 걸린 중차대한 문제다.

신계身計는 건강하게 살기 위한 계획이다. 몸과 마음이 함께 건강하지 않으면 아무 것도 이룰 수 없다. 삶에 필연적으로 수반되는 고통과 어려움을 이겨 내기 위해서도 건강을 유지해야 하며, 심신을 건강하게 유지하려면 생활하는 방식이 올발라야 한다. 건강은 선천적으로 가지고 태어나기도 하지만 후천적으로 얻어지는 습관의 영향을 받기도 하기 때문이다.

가계家計는 가정 생활을 원만하게 영위하는 데에 필요한 계획이다. 독자적으로 화목한 가정을 꾸려 나갈 수 있는 계획을 마련하는 일이다. 경제적인 문제만이 아니라 사랑과 신뢰 그리고 정신적인 안정도 중요하다. 부부 관계를 위시해서 부모와 자식 관계나 형제 관계도 원만해야 한다. 자고로 마음과 행실을 바르게 닦은 연후에 라야 집안을 바르게 다스릴 수 있다고 했다.

노계老計는 은퇴 후의 삶을 편안하고 아름답게 살기 위한 준비다. 노후의 생활 대책이며 노후 관리라고 할 수 있다. 나이 든 사람은 일상 생활에 지장이 없는 체력, 사회 활동을 위한 튼튼한 정신력, 깊은 유대가 맺어진 사회 생활 등을 유지하는 데에 힘써야 한다고 전문가들은 역설한다. 은퇴한 부모가 자녀에게 줄 수 있는 최고의 선물은 자신의 건강과 경제적 자립이다. 전에 비할 수 없을 만큼 수명이 길어져 이른바 백세 시대가 되었다. 나이가 들어 남아도는 시간에 무엇을 할 것인가? 건강 관리며 경제적 문제는 어떻게 할 것인가? 어떻게 하면 국가나 자식들에게 폐를 끼치지 않고 당당한 노후를 보낼 것인가?

마지막 사계死計는 세상을 하직할 계획으로 죽음에 대응하기 위한 준비다. 생물의 세계에는 각 세대가 다음 세대에 의하여 교체되는 질서가 확고히 잡혀 있다. 이 세상에 살아 있는 모든 것들은 언젠가는 반드시 죽는다. 만인을 평등하게 만드는 죽음은 절대로 우리의 계획에 따라 오지 않고 예상을 뒤엎으며 찾아온다. 대부분의 사람들이 죽음을 두려워하고, 죽음으로부터 도피하려고 한다. 다가오는 죽음에 대하여 생각하지 못하며, 죽음에 관해 얘기하는 것조차 꺼린다. 하지만 죽음을 피할 수는 없으며, 삶이란 어차피 죽음을 앞둔 상태다. 철학자 하이데거는 '인간은 죽음을 향해 나아가는 존재'라고 했다.

누구나 아름다운 끝맺음을 바란다. 생애를 마감하면서 한점 부끄러움 없이 퇴장할 수 있기를 원한다. 많은 사람이 마음의 상태를 아름답게 유지하여 훌륭한 죽음을 맞이할 수 있기를 바라지만 아름다운 죽음을 보기란 좀체 드물다. 천수를 누린 후에 죽음을 맞이하든 생을 중도에서 마치든 상관없이 끝내지 못한 분쟁, 화해하지 못한 인간 관계, 이루지 못한 희망들을 남긴다.

삶과 죽음에 대한 태도는 평상시에 자기의 심성을 깊이 인정하고, 정신을 수양하는 데서 나온다. 나뭇잎이 떨어져 뿌리로 돌아가듯이 자신의 죽음이 천도天道의 품으로 돌아가는 자연적인 과정의 일부분임을 깨달아 생명의 유한함을 인식해야 한다. 순간순간이 마지막이라는 자세로 살면서, 죽음을 거스를 수 없는 자연의 섭리로 받아들여야 한다.

죽음에 대한 기본적인 이해가 필요하다. 자신이 죽어가고 있다는 사실이나 죽음의 의미와 그것이 어떤 형태로 다가오는가를 알지 못하는 사람이 마무리를 잘하기는 어렵다. 죽음의 의미를 숙지하고 죽음에 이르는 과정을 상세히 알면 죽음 앞에서 갖게 되는 공포와 두려움을 떨쳐 버릴 수 있으며, 그런 뒤에 죽음을 준비하면 아름다운 모습으로 이 세상을 하직할 수 있다.

실패의 교훈

　사람은 한치 앞을 못 보며 산다. 그래서 삶에서 중요하고 근본적인 것이 무엇인지를 깨달아 계획을 세운다. 어떤 일의 실시 계획을 진행하거나 복잡한 일을 해결하려고 주도 면밀하게 노력하지만 가끔 그르치고는 한다. 일을 잘못하여 당하는 실패다. 입학 시험, 결혼, 사업 등의 잡사에 실패하면서 사는 것이 사람이다.

　계획 단계에서 실패를 생각하는 것은 흔한 일은 아니다. 그러나 생각조차 못하는 실패가 마치 유령처럼 달라붙어 묵살해 버리기도 쉽지 않을 때가 있다. 바라는 대로 일이 되지 않으면 마음이 상하지만 어떤 일을 이룰려면 적극적인 마음을 가져야 한다는 뜻으로 여러 번 실패하여도 굽히지 말고 꾸준히 노력하라 [七顚八起] 고 가르친다.

　실패가 주는 부정적 영향을 받는 것은 바람직한 일이 아니다. 두려워하거나 기피할 것이 아니라 오히려 일을 배우는 과정의 한 부분으로 수용해야 한다. 개인 생활에서나 전문 직업인 생활에서나 실패는 사람에게 교훈을 주고, 성장하고 발전하게 만들며, 다른 방법으로는 결코 달성할 수 없는 성공으로 인도한다.

최근에 우리는 실패의 중요성에 대한 인식 능력을 증가시키는 추세에 있다. 더욱 노력하라는 자극으로 받아들여야 한다는 사실에 기초를 둔 것이다. 교육학자들은 어린이들이 실패를 편안하게 받아들일 수 있는 방법을 강구한다. 실업 학교에서는 실패의 유익하고도 실제적인 가치를 가르친다. 심리학자들은 실패에 어떻게 대처할 것인가를 연구하여 성공의 기회를 엿보는 눈을 뜨게 만든다.

실패의 반대말인 성공이라는 단어 success는 라틴어 succedere에서 나왔으며 '나중에 오는 것'이라는 뜻을 가지고 있다. 실패와 성공은 서로 영향을 미쳐서 둘의 관계는 우주 만물을 만들어 내는 상반된 두 가지 기운을 일컫는 존재의 근거 실재인 음양 원리와 같다고 볼 수 있다. 라틴어는 오늘날에도 학술어로 흔히 사용된다.

준비, 좌절, 실망, 예측 불허 등과 밀접한 관계가 있는 탐험의 영역에서 실패가 큰 주목을 받는다. 탐험가에게는 그것이 필수 조건이라고 할 수 있다. 불행한 처지에서도 희망의 조짐을 보고 위험에 더 지성적으로 대처하도록 만들어 주는 것이 실패다. 아무리 처참하더라도 접근법을 세심하게 가다듬어 다음 번에는 개선된 방법을 사용하라고 가르친다. 잘못에서 배워 같은 잘못을 저지르지 말라고 일러 준다.

틀에 박힌 관례에 따르다가 일을 그르치는 경우가 많다. 끈덕지게 물고 늘어지는 지속성, 용수철처럼 튀기거나 팽팽하게 버티는 탄력성, 변화된 조건이나 환경 따위에 순응하는 융통성, 위험한 고비나 경우를 참고 배겨 내는 위기 관리 능력은 일반적인 생활에서는 물론이고 탐험의 세계에서 논의의 중심 과제이다.

학술지에 개재된 논문은 연구자의 주요 업적으로 간주되고 추후에 연구비를 따는 데에 중요하기 때문에 과학 분야의 연구자들은 실패를 공공연히 받아들이는 것을 꺼리는 경향이 있다. 하지만 지난 10여 년 동안에는 의학 및 자원 보호를 다루는 분야의 상당수 학술지들이 실험, 연구, 임상 시험 등에서 실패한 보고서를 얻으려고 널리 주문한 것으로 나타났다. 음성 결과가 언젠가는 양성 결과를 낳는다고 판단했던 것이다.

네덜란드에서는 전문 경영자를 양성할 목적으로 20여 년 전에 연구소를 개설하여 실패한 연구 결과 중에서도 출중한 것들을 다시 보기 시작했다. 그 연구소 Institute of Brilliant Failure는 특히 지속적인 실험과 학습을 요하는 건강 관리 부문의 발전에 이바지했다는 평가를 받는다. 같은 시기에 미국의 제약 회사 Eli Lilly에서도 새로운 과학적·기술적 소산에 초점을 맞추어 성과를 거두지 못한 실험의 결과를 모아 축하하는 '실패 파티'를 열기도 했다.

이 세상에 사는 사람이라면 모르는 이가 없을 정도로 잘 알려진 미국의 발명가 토마스 에디슨은 일생에 1,300건 이상의 특허를 받았다. 그의 발명과 개선책은 다방면에 이르며 특히 전신기, 전화기,

백열 전구, 알칼리 축전기, 광물을 분별해 내는 자력 선광법 등의 눈부신 발명으로 발명왕이라는 호칭을 얻었다. "나는 실패한 적이 없다. 예상대로 진행되지 않는 일이 무려 10,000건에 달했을 뿐이다. 그런 일들을 성공으로 이끌어 혁신하려면 실패의 두려움을 감수해야 한다. 난국을 타개하는 수단을 강구해야 한다. 새로운 것을 배우려는 지적 능력을 끊임없이 키워야 한다. 최신 정보를 획득하고, 실수를 범하며, 새로운 절차를 밟고, 실패를 기꺼이 받아들여라." 라는 교훈을 남겼다.

어네스트 섀클턴 (1874~1922) 은 영국의 탐험가였다. 네 차례에 걸쳐 남극 탐험을 시도한 것으로 알려진 사람인데, 그 중에 1914~16년의 마지막 시도는 배가 얼음에 갇혀 실패로 끝났다. 실패에 대한 책임을 통감한 그는 놀라운 위기 관리 능력을 발휘하여 끈덕지게 버틴 나머지 선원 27명을 안전하게 데리고 돌아왔다. 하버드 대학의 역사학 교수 Nancy Koehn이 섀클턴의 실패에서 실제로 일어난 사건을 낱낱이 검토했다. 그 실패의 사례 연구는 그가 목표를 탐험에서 자신과 선원들의 안전으로 재빨리 바꾸었기에 선원들과 함께 살아 돌아올 수 있었음을 알려 주었다. 장기간에 걸친 그의 놀라운 인내심은 실패에 대처하는 표상이 되기에 이르렀고, 대학원 석사 과정의 경영 관리학 전공 과목에 들어 후세의 리더십을 기르는 데에 도움이 되고 있다.

예산 세우기

생로병사는 살면서 누구나 겪지 않을 수 없는 네 가지 고통이다. 수많은 각자들이며 종교가 산다는 것은 괴로운 것이라고 일러 준다. 산다는 것 자체가 한 걸음 한 걸음 죽음에 다가가는 것이다. 살다 보면 늙게 마련이고 늙으면 병들게 마련이다. 라틴어 memento mori는 자신의 죽음을 기억하라, 너는 반드시 죽는다는 것을 기억하라, 네가 죽을 것을 기억하라는 뜻으로 쓰인다.

한치 앞을 못 보며 사는 것이 사람이다. 고통스럽기 마련인 세상을 별 어려움 없이 살아가기 위해서는 가장 중요하고 근본적인 일이 무엇인지를 알아서 제일의적 생활을 영위할 필요가 있다. 발달된 현대 의학과 건전한 생활 양식의 보급으로 수명이 늘어 지금은 많은 사람이 90세까지 사는 것이 보통이다. 은퇴 후 적어도 30년의 계획을 세워야 하는 시대다.

네 가지의 고통 이외에도 생각도 못한 변고로 많은 사람이 시달린다. 그래서 아무런 준비도 없이 닥치는 대로 살아서는 안 된다. 일찍이 중국 송나라의 주세중은 행복하게 살기 위해서는 다섯 가지 계획을 똑바로 세워야 한다고 했다. 앞날에 대응하기 위해 앞으로 할 일의 방법, 차례, 규모 따위를 미리 생각하여 정하라는 것이다. 그는 예측하기 어려운 미래를 올바르게 아는 예지적 능력을 가진 사람이었다.

하버드 대학의 교수 엘리자베스 워런은 지난 2000년 중반에 『값어치 있는 일: 생애의 예산 세우기』라는 제목의 책을 발간하여 유명해졌다. 예산을 세운 다음 그에 따라서 생활하라는 내용으로, 예산을 50/30/20으로 잡을 것을 제시한다. 수입의 절반은 임차료, 모기지 상환, 공익비, 자동차 운용 등에 필요한 필수적 경비이고, 30%는 휴가나 오락에 쓸 수 있는 임의적 경비이며, 나머지 20%는 따로 떼어놓는 비축적 자산으로 비상금, 은퇴의 대비, 이자율이 높은 빚을 갚는 데에 쓰라고 했다.

그로부터 20년이 지난 지금 전문가들은 그 예산을 조정해야 할 필요성을 주장한다. 금융 서비스 회사인 무디스의 분석에 의하면 경기 변동으로 1999년 이래 임차료는 129%나 증가한 반면 임금의 상승은 77%에 그쳤다. 대학을 갓 졸업한 사람이면 저축률을 10%로 낮추었다가 약 5년 후 경험을 충분히 쌓아 승진이나 전직을 통해 수입이 증가하면 다시 그 저축률로 돌아가는 것이 바람직하다고 한다.

미국의 소비자들은 2024년 1월 한 달에 19조 달러를 소비했다. 한 해 전에 비하여는 4%, 2020년에 비하여는 29% 증가한 기록적인 소비였다. 통화 팽창, 높은 이자율, 비등하는 소비 현상이 지속되어서는 안 된다는 경제학자들의 거듭된 주의보에도 불구하고 소비는 그저 증가하고 있다.

경기가 활발한 몇 가지 이유를 든다. 코로나 바이러스가 세계를 뒤흔드는 동안에는 병이 만연하는 것을 막기 위한 격리 조치로 집에만 박혀 있어서 많은 돈이 저축되었지만 이제는 잃어버린 시간을 되찾으려는 사람들이 여행이나 외식 등 격리 기간 동안 못했던 일들을 한꺼번에 하고 있다. 팬데믹 중에 정부에서는 경기의 진작을 위해 백성들에게 수표를 보내고, 융자한 학비의 지불을 일시 중지했다. 수년 동안 제자리를 맴돌던 봉급이 마침내 물가보다 더 빨리 인상되어 사람들의 주머니돈을 불렸던 것이다.

소비를 낮춰 주는 데에 일조한 팬데믹이 많은 사람들을 간편한 금전 출납 방법에 익숙해지게 만들었다. 휴대폰의 브라우저나 컴퓨터로 물건 값을 지불할 수 있어서 쇼핑 과정에 생기는 거추장스런 일들이 줄어들어 사람들이 쇼핑을 훨씬 더 즐긴다. 휴대용 지불기며 갖다 대면 되는 신용 카드도 많이 보급되었다. 대금을 지불하는 데에 크레디트 카드로는 40초가 걸리는데 휴대 전화로는 29초가 걸린다. 당장 구매하되 지불은 나중에 하게 해주는 서비스를 하는 곳도 많다. 그런 속도와 편의에 익숙해져 더 많이 소비하는 바람에 자기도 모르는 사이에 빚진 사람이 된다.

날로 바뀌는 세상이라 그만큼 살기도 어려워진다. 미국인 3,000명 이상을 대상으로 2023년에 실시한 심리 학회의 조사 결과를 보면 스트레스를 유발하는 요인 중의 하나가 돈이었다. 삶에 필연적으로 수반되는 고통과 어려움을 이겨 내기 위해서는 예산을 세워야 한다는 것을 암시한다. 전문가들은 그에 앞서 부모의 재정 상황, 주위 성인들의 소비 행태 등을 알아보고 자신과 돈의 관계를 재고하라고 권한다.

모든 예산에는 자기의 욕망, 필수적 경비, 생활 양식 등이 수용되어야 한다. 예산 세우기의 목표는 어느 정도의 돈을 저축하고 그 돈에는 손대지 않는 데에 있다. 재정 문제는 인성과 연관된 것이 아니라 어떻게 성장했는가 또는 돈에 대해서 어떻게 배웠는가와 관련된다. 어떤 일에 대해서 느끼는 자신의 충동을 알아차리고 그것을 그대로 행동으로 옮기는 자기의 반응을 주시할 필요가 있다.

예산 세우기는 평생의 끝 시기인 만년의 대비에 특히 중요하다. 나이가 들면 일상 생활에 지장이 없는 체력, 사회 활동을 위한 튼튼한 정신력, 깊은 유대가 맺어진 사회 생활 등을 유지하는 데에 힘써야 하는데 그런 욕망을 충족시키기 위하여 소비되는 재화와 의료비가 만만하지 않은 세상이다. 은퇴한 부모가 자녀에게 줄 수 있는 최고의 선물은 자신들의 건강과 경제적 자립이라고 한다.

자유와 평등을 넘어서

많은 사람이 인정하고 추구하는 가치 자유와 평등은 사람들의 삶의 신조이기도 하다. 그러나 자유와 평등은 기원에서 뿐만 아니라 개념 규정에서도 대칭을 이룬다. 자유를 제한하면서 평등을 이루기는 불가능하며 평등이 실현되지 않는 상태에서 자유롭기도 가능하지 않다는 식으로 흔히 서로를 전제하여 사용된다.

자유는 남에게 구속을 받거나 무엇에 얽매이지 않고 자기 마음대로 행동하는 것이다. 하지만 법적으로는 법률의 범위 안에서 자기 마음대로 할 수 있는 행위이다. 철학에서는 소극적으로는 외계의 모든 구속으로부터 벗어나는 것을 뜻하고, 적극적으로는 자기의 본성을 좇아서 목적을 실현할 수 있는 가능성을 뜻한다.

자기의 의지에 따라 행동할 수 있는 것이 자유다. 타인으로부터 부당한 간섭을 받지 않는 소극적 자유를 바탕으로 마음대로 행동할 수 있는 적극적 자유가 보장될 때 개인은 최선의 자아를 실현할 수 있게 된다. 그러다 보니 많은 사람들이 자유를 '마음대로인 상태'

라고 여긴다. 하지만 자유에는 다른 뜻도 포함되어 있다는 사실을 분명하게 알아야 한다.

입으로는 늘상 자유를 부르짖으면서도 그 말이 어떤 속성이나 뜻을 포함하고 있는지 정확하게 이해하지 않고 사는 사람도 많다. 자유를 절대적인 것으로 받아들이면 사람들은 자유를 자기 중심적으로 이용하려고 든다. 제약이 따르지 않는 자유는 약육강식을 낳고, 심한 불평등을 초래하며, 무정부 상태의 야만적인 사회를 만든다. 우리는 흔히 자유가 잔인하고 포악한 행동을 유발시키는 것을 목격한다. 그래서 자유가 마구잡이가 되지 않도록 끊임없이 올바른 방향으로 이끌어 주어야 한다.

차별이 없이 고르고 한결같은 것이 평등이다. 인간은 세상의 모든 가치에 있어서 동등하여야만 하고 사회에서 권리나 권력 또는 위세를 획득하고 그에 따른 균등한 기회를 가질 수 있어야 한다. 근대에 접어들어 누구에게나 고루 기회를 준다는 의미에서 평등을 기회 균등이라고도 한다. 국민 모두에게 사회의 모든 방면에서 능력을 발휘하고 권리를 획득할 수 있는 기회를 균등하게 부여하여 공평을 기하자는 주장은 오래 전에 대두했다. 복지·자원·능력·기회·결과 등의 평등은 우리가 추구해야 할 이상이다.

하지만 평등은 근본적으로 자연의 법칙에 어울리지 않는다. 가정, 문화, 소질, 능력, 성격 등에 차이가 있게 마련이어서 사람이 모든 면에서 같지 않다는 것은 자타가 인정하는 명백한 사실이다.

많은 나라에서 평등을 무리하게 적용하다가 독재가 자리잡는 것을 경험했다. 자유와 마찬가지로 평등도 절대적인 것으로 받아들여서는 안 된다. 평등주의는 권위에 복종적이면서 다른 한편으로는 약자에게 군림하여 개인의 자유를 짓밟기도 하기 때문이다.

사회적 우연성으로 인해 개인들에게 생기는 불평등한 결과를 완화하는 조치로 상속세나 양도세를 부과하고 공공 교육을 무료로 제공한다. 또한 자연적 우연성으로 인한 차등을 바로잡는 방안으로 자연적 자질을 간접적으로 조정하거나 사후에 조처를 취한다. 형식적 평등은 공정성이 보장되는 사회가 아니기 때문에 평등한 사회를 유지하려면 끊임없는 노력이 필요하다.

인간의 존엄성 보장이라는 기본 이념과 최대 다수 시민의 행복을 실현하는 데에 필요한 핵심적인 요건이 자유와 평등이다. 법률상 자유롭고 평등하다는 기본 원칙을 인정하면서도, 자유나 평등의 사상이 사회 또는 정치적인 생활에 절대적인 것으로 받아들여질 수는 없다는 사실을 인정하지 않을 수 없다. 자유를 억압하는 평등은 전체주의 공산 국가를 낳았다. 그렇다고 평등이 없는 자유주의에만 사회를 맡길 수도 없다는 것 또한 명백한 사실이다.

자유주의가 자유를 이념으로 삼는 반면 마르크스주의가 평등을 이념으로 삼으면서 두 단어는 서로를 배제하고 대립하는 양상을 띠게 되었다. 인류의 역사가 두 이념의 각축장이 되어 자유와 평등은 양립이 가능할 수 없었던 것이다. 자본주의와 공산주의가 체제를 두고 한동안 경쟁하다가 소련이 해체되고 많은 공산 국가들이 시장 경제를 도입하면서 체제 전쟁은 자본주의의 승리로 끝났다.

그럼에도 불구하고 오늘날의 사회에는 세계화라는 추세 가운데 소외, 빈곤의 확산, 단절, 양분화, 인종 차별이 횡행한다. 인류 전체의 겨우 20%만이 안락과 풍요를 누리고 사는 것으로 알려졌다. 자유와 평등 두 개념이 각각 내포한 성질이나 적용될 수 있는 사물의 범위에서 동일한 가치를 설정하여, 그 대칭성을 현실에서 구현할 수 있는 방안이 시급히 강구되어야 한다는 것을 여실히 나타내 주고 있다.

빈민 구호 공동체 엠마우스의 창시자이자 프랑스인들이 꼽는 금세기 최고의 휴머니스트 피에르 신부 (1912~2007) 는 자유와 평등을 초월해서 개개인이 자유롭게 참여하는 박애주의가 온 세상에 널리 퍼져야 한다고 주장했다. 모든 사람을 평등하게 사랑하는 정의롭고 조화로운 사회를 만들기 위해서는 자유와 평등을 넘어서는 박애가 절대적으로 필요하다는 것이다. 비록 종교적 및 문화적인 면에서 차이가 나지만 자신의 그 신념은 세계적인 영적 지도자 달라이 라마의 신념과 완전히 일치한다고 피력하였다.

박애는 널리 누구에게나 애정으로써 접하려는 태도로 인간이 부딪치는 현실적인 인종·종교·신분·풍습·이해 관계 등의 차별을 없애고 인간성에 기초하여 근심, 불안, 괴로움을 함께 나누는 인간애다. 박애 정신이야말로 인류의 생존을 위한 조건이라고 할 수 있다. 인간애를 바탕으로 온 인류의 복지가 향상되는 날은 언제 올까.

지표 생물

 복합적이고 추상적인 사회 현상을 쉽게 설명하기 위해서 관련된 지수나 척도를 개념화하여 방향, 목적, 기준 등을 정한 것이 지표다. 한편 다른 것과 구별하기 위한 표시나 특징은 표지라고 한다. 지표는 주로 경제학에서 쓰는 용어인데, 국민 교육 헌장은 '우리의 나아갈 바를 밝혀 교육의 지표로 삼는다.' 로 시작한다. 사람은 교통이나 안전 표지판을 날마다 주시하면서 산다.

 '사람은 자연 환경의 산물이다.' 또는 '사람은 흙에서 왔다가 흙으로 돌아간다.' 는 말은 사회적 상황보다 자연 환경의 영향을 더 많이 받으면서 사는 것이 사람이라는 말이다. 우리는 일정한 지역에서 여러 해에 걸친 기온이나 비 또는 눈의 상태를 눈여겨보고 기록했으며, 오래 전에 시작된 그 기록이 날씨 또는 일기라고도 부르는 기후다. 인류의 문명은 기후의 영향을 덜 받는 쪽으로 발달했다.

 자연계의 생물은 흔히 생육 조건이 같은 것들끼리 모여 산다. 식물 군락과 동물 군집은 어떤 지역에서 서로 관계하면서 생활하고 있는 개체군의 모임이다. 기후나 토양 등의 자연 환경을 나타내기 위한 표지가 되는 생물을 지표 생물이라 하고 어떤 곳에 일정의 환경 조건이 있음을 나타내는 동식물을 지표종이라고 부른다.

볏과의 여러해살이풀 갈대는 습지나 물가에서만 생육하여 지하수가 얕은 것을 추정하게 해주는 좋은 지표 식물이다. 곰솔 군락같은 일정한 식물의 분포 상태는 기후 환경의 차이를 알아낼 수 있게 한다. 지표종은 미개지 농작물 재배의 가능 여부를 결정하는 데에도 응용된다.

민들레는 이른봄에 노란 꽃을 피운다. 씨에 흰 갓털이 있어서 바람에 날려 멀리 퍼져 아무 데서고 자리를 잡지만 양질의 토양에서만 번성한다. 민들레를 잡초로만 보는 것은 옳지 못한 일이다. 흙이 단단이 다져져서 다른 걱정은 없이 토질을 좋게 유지하는 데에만 신경 쓰면 된다고 알려 주는 식물이 민들레다. 게다가 지금은 민들레로 김치를 담그기도 하고 뿌리는 전부터 이뇨제나 염증을 줄이는 약으로 쓰였다.

중앙 아프리카에는 구리꽃 또는 구리 식물이라고 알려진 Ocimum centraliafricanum이 서식한다. 구리나 니켈의 함량이 아주 높은 토양에서도 잘 자라는 식물이어서 지질학자들이 용도가 넓은 그 금속들을 찾는 데에 요긴하게 쓴다.

대기 중의 습도가 높아지면 잠자리나 모기 등의 곤충이 비에 젖지 않기 위하여 은신할 곳을 찾아 헤맨다. 그럴 때는 날짐승도 먹이를 찾아서 지면 가까이 낮게 난다. 행태를 보고 비 올 낌새를 알아 볼 수 있어서 제비는 이미 오래 전에 기상학에서 기후를 측정하고자 지정한 지표 동물이 되었다. 청개구리는 비가 오려고 할 때 심하게 운다. 통계로 보면 30시간 안에 비가 올 확률이 60~70%나 된다. 습도가 높아져서 호흡에 지장을 받아 내는 것으로 추정되는 그 소리가 적중률이 높은 단기간 일기 예보의 자료로 활용된다.

미국의 달력에는 2월 2일이 Ground-hog Day라고 적혀 있다. 그라운드호그는 두더지와 비슷한 다람쥐과의 동물로 굴을 파고들어 동면한다. 겨울잠에서 깨어나 처음으로 굴에서 나왔을 때 하늘이 개어 있어서 지상에서 자기 그림자를 보게 되면 봄이 더디 온다는 것을 알아 다시 6주 간의 동면에 들어가고, 날이 흐려 그림자를 볼 수 없으면 이른봄이 왔다는 것을 안다고 믿어 서구에서는 계절을 표시하는 동물로 인식되었다. 한편 교회에서는 그 날을 봉헌 축일로 지낸다.

나는 논밭 한가운데 들어앉은 시골에서 태어나 자랐다. 농사에는 제때에 충분한 물이 절대적으로 필요한데 관개 시설이 변변하지 못하던 때라 농부들은 그저 하늘만 쳐다보며 살았다. 그러면서 일상에서 보는 여러 가지 비가 내릴 조짐을 관찰하여 속담으로 남겼다.

온도, 습도, 기류, 소리 등에 민감한 야생 동물은 태풍이나 돌변하는 기상에서 몸을 보호하기 위하여 본능적으로 은신한다. 태풍이 올 징조를 느끼면 집 근처로 모여들어서 흔히 그들의 행태를 보고

비 올 것을 예측하는 기상 관측이 들어맞았던 것이다. 두꺼비가 나오고 개구리가 집안으로 기어들면 큰 비가 온다. 개구리는 생물 관측에서 지표 동물이기도 하다. 구렁이도 날궂이 한다. 청명한 날에는 보이지 않다가 저기압 상태에서 잘 나타나기 때문에 구렁이가 보이면 비가 올 것에 대비하는 것이 좋다. 닭이 높은 곳에 오르면 비가 온다. 닭은 건조한 곳을 좋아하는 습성에다 습기를 싫어하여 저기압이 되면 본능적으로 젖지 않으려고 높은 곳에 오른다. 개미가 장을 치면 비가 온다. 개미 떼들이 쏟아져 나와 길가에 기어 다니면 비가 온다.

기압의 상태를 손쉽게 알아 볼 수 있는 현상도 많다. 굴뚝 연기가 얕게 퍼지면 비 올 징조다. 저기압일 때는 연기가 지면 가까이 낮게 퍼진다. 아침놀 저녁 비요 저녁놀 아침 비라. 놀이 지면 비가 내린다. 별이 낮게 뜨면 비가 온다. 저기압 상태에서는 대기의 습도가 높아 물체가 가깝게 보인다. 소리가 크고 가까이 들리면 비가 내린다. 저기압이 되면 기류가 안정되어 소리가 깨끗하고 잘 들린다. 바다 우는 소리가 크면 비가 온다. 열대성 저기압의 상태에서는 파도의 중심에서 발생하는 긴 파장의 우우하는 소리가 강한 폭풍우의 내습을 알린다.

질문

　지상에 존재하는 모든 동물은 23개의 문으로 분류되는데, 그 중 어미가 제 젖으로 새끼를 먹여 기르는 동물은 척추 동물 포유류다. 대뇌가 잘 발달하여 가장 고등한 동물이 포유류다. 포유류의 영장목에는 원시적인 동물에서 인류에 이르기까지 매우 큰 변이성을 가진 200여 종이 현존하며, 거기에는 영장류라고도 일컫는 인류·유인원류·원류 등이 포함된다. 영장류 중에서도 유독 인간만이 언어를 가지고 있다. 말이 곧 사람을 만물의 영장으로 만들었던 것이다.

　생각을 담고, 사상과 감정을 표현하며, 뜻을 전달하는 음성 기호가 말이다. 사람은 평생 동안 말을 하다가 간다. 날마다 사람을 마주 대하여 이야기하는 것으로 시작되고, 그렇게 하다가 하루가 끝난다. 사는 것 자체가 곧 말하는 것이라고 할 수 있다. 그러다 보니 때로는 말 때문에 화를 당하기도 해서 말을 어떻게 해야 하는가에 대한 가르침이 이루 다 헤아릴 수 없이 많다. 늘 조심해야 하는 것이 말이지만, 지식이나 기술을 전달하는 매체이기 때문에 잘할 필요도 있는 것이 말이다.

사람은 개미나 벌처럼 본능적으로 서로 협력하며 산다. 모임에 참석하여 대담하고 좌담하며, 어떤 문제에 대하여 여러 사람이 각자의 의견을 내세워 그것의 정당함을 논하기도 한다. 그런데 대화가 바람직하지 못하게 진행되는 경우가 빈번하다. 많은 사람들이 대화하는 방법을 제대로 터득하지 못하고 있기 때문이라는 생각이 든다. 우리가 서로를 잘 듣는가? 하는 문제는 중요하다.

대화할 때는 말하는 것보다 듣는 데에 신경을 써야 하고, 잘 듣는 데에는 기술이 필요하다. 먼저 다른 사람의 견해도 선의로 이루어졌다는 너그럽고 깊은 마음씨를 지녀야 한다. 남의 말을 공경하는 태도로 귀기울여 들어야 하고 이해하려고 노력해야 한다. 남이 하는 얘기를 허투루 들어서는 절대 안 된다. 그리고 또 효과적으로 들으려면 시간을 들여야 한다. 새로운 아이디어나 복잡한 문제의 토론에는 많은 시간이 요구되고, 도중에 이성을 잃는 일이 없어야 한다. 듣지 않으면 배울 수가 없다. 사람은 타인과 함께 대화하고 토론하면서 많이 배운다. 대화는 생각한 것을 말로 표현하는 일이며 그 과정에서 두뇌가 끊임없이 자극되어 사고력이 증강된다.

소통은 서로의 욕구를 이해시키고 이해하는 과정이다. 구성원 간에 정보를 공유하고, 자기의 의사를 명확하게 전달하며, 조직의 결정된 활동 방침을 전달하는 중요한 수단이다. 소통은 어떤 조직에서든 가장 중요하며 좋은 성과를 도출할 수 있는 필수적인 요소다. 가장 일반적인 소통의 방식은 대화이기 때문에 소통 능력을 키우려면 먼저 대화를 잘할 수 있어야 한다. 소통의 중요성을 머리로는 알고 있지만 그 능력을 키우기는 쉽지 않다.

대화와 토론에서 가장 중요한 것은 질문이다. 모르거나 의심나는 점을 묻는 것이 질문이지만, 우리는 처음 만나는 사람에게도 '안녕하세요?' 하고, 잘 아는 사람을 오랜만에 만나면 '요즘 어떻게 지내십니까? 하면서 자연스럽게 대화의 물꼬를 튼다. 물음이 있어야 대화가 시작되는 것은 물론이고, 어떤 질문을 하느냐에 따라 대화의 내용이 크게 달라진다. 그래서 질문은 대화의 시작과 끝이라고 할 수 있다. 유대인 어머니는 학교에서 돌아온 아이에게 '무엇을 배웠느냐' 가 아니라 '선생님께 어떤 질문을 했느냐' 를 묻는다고 한다. 질문을 잘하는 사람을 리더로 생각하고 자녀를 질문 잘하는 아이로 키우려고 노력한다. 그 방법은 우리가 본받을만하다.

질문은 언제나 과녁의 한 가운데를 적중해야 한다. 요점을 파악하여 사물의 가장 중요한 핵심을 찔러야 한다. 올바른 질문이 아닌데 어떻게 올바른 대답이 나올 수 있겠는가? 올바른 대답은 흔히 질문 그 자체 속에 숨겨져 있어서 지적인 질문에는 명확한 대답을 줄 수가 있다. 하지만 주제나 요점을 벗어나는 질문에는 대답 대신에 '말하고자 하는 요점이 무어냐?' 는 반문이 유발된다. 군더더기는 빼고 용건만 말하라는 요구를 받는다. 결정적인 질문을 던지거나 능숙하게 질문하기는 결코 쉽지 않음을 가끔 느낀다.

옛 사람들은 오랫동안 전하여 오는 규칙이나 정기적이며 계속적으로 행해지는 사례를 두고 여러 가지 말을 만들었다. 흔히 네 음절로 된 한자 성어들은 대화와 토론에 관한 것이 가장 많아 복잡한 현대를 사는 우리에게 시사하는 바 크다. 어리석은 질문에 어리석은 대답을 우문 우답이라 하고, 어리석은 질문에 현명한 대답을 우문 현답이라고 한다. 물음과는 딴판인 엉뚱한 대답은 동문 서답이며, 목적에서 벗어나 딴 길로 빠지는 것이라고 할 수 있다.

질문도 대답도 이미 한 말을 자꾸 되풀이 하는 중언 부언이어서는 안 되고, 조리가 없이 되는 대로 말을 지껄이는 횡설 수설이어서도 안 된다. 여러 말을 늘어놓지 않고 바로 요점이나 본문제를 중심적으로 말하는 단도 직입이어야 하고, 두말 할 나위없이 한 마디로 딱 잘라 대답하는 일언지하이어야 한다. 거두 절미는 질문할 때나 대답할 때 앞뒤의 잔 사설을 빼는 것을 의미하여 평생 말을 하다가 가는 사람이면 누구나 마음에 새겨 두고 절차 탁마해야 함을 일깨워 준다.

출산율

 세계 인구는 1950년부터 약 50년에 걸쳐 역사상 가장 큰 증가를 보였다. 2022년 80억에 이어 2050년에는 90억에 달할 것이라는 예측이 들어맞아, 2022년 11월에 80억이 되었다. 맬서스 Thomas R. Malthus는 200여 년 전에 농업 생산량의 증가가 인구의 증가를 따를 수 없음을 간파하고, 바로 그것이 장래 인류가 피할 수 없는 생물학적 덫이 될 것임을 경고했다. 작금의 심한 기후 변화까지 홍수나 태풍으로 농업 생산량을 감소시켜 수많은 사람들이 어려움을 겪는다.

 여러 나라들이 출산율을 높이기 위해 안간힘을 쓰고 있다. 출산율은 1980년대부터 몇몇 나라에서 낮아지기 시작했다. 인구는 나라의 정치·경제·문화·군사 등의 성립이나 효력의 발생을 위해 꼭 있어야 할 조건이다. 인구의 감소는 노동력 부족과 소비의 감소를 초래하고 그에 따라 기업의 생산성이 위축되며 국가의 재정이 악화한다.

여성 한 명이 일생 동안 낳을 것으로 예상되는 아이의 수를 합계 출산율이라고 하며, 인구를 안정적으로 유지하는 데에는 그 수가 평균 2.1명이어야 한다. 우리 나라의 경우 2000년에는 1.48명이던 것이 2018년에 0.98명으로 떨어졌다. 세계 은행의 조사 결과 2019년 말에는 세계 200개 나라 중에 꼴찌인 0.92명이었으며, 갈수록 낮아져 2022년 4분기에는 0.75명이었다. 외신은 한국이 세계 최저 출산율 기록을 또 경신했다고 전한다.

사망자 수에 비하여 출생아 수가 더 적었던 것이다. 소위 데스 크로스 death cross 현상이었다. 데스 크로스는 주식 시장에서 장이 약세로 전환된다는 것을 이를 때 쓰는 말이다. 인구를 뜻할 때는 사망자 수가 출생아 수보다 많아 인구가 자연 감소한다는 것을 의미한다. 러시아가 1991년에 심한 인구의 감소를 보였을 때 Russian cross라고 했다.

출산율을 높이는 데에 사용하는 방법은 나라마다 조금씩 다르지만 새로운 가족의 형태를 인정하고 출산 및 육아 휴직을 보완하는 것이 핵심이다. 온라인 사이트에서 미혼 남녀의 결혼을 부추긴다. 미혼 부모에게도 혜택을 주는 가족 중심의 출산 정책을 수립하여 동거 가구의 권리를 보장한다. 결혼하지 않아도 소득세, 부채, 사회 보장 급여, 휴가 등에서 결혼 가정과 동등한 혜택을 받게 한다. 불임 여성의 치료비나 대리 출산 비용을 정부에서 지원하고 아동 수당을 지급한다. 자녀의 수만큼 세금을 깎아 준다. 젊은이들이 공영 주택이나 임대 주택을 마련하는 데에 도움을 주고 빈집을 활용하도록 도와 준다.

출산으로 인한 여성의 경력이 중단되는 것을 막고, 남성의 가사 분담을 장려하며, 육아 휴직을 장려하고 그 기간을 늘린다. 일과 육아을 병행하는 제도를 마련한다. 스웨덴에서는 '아픈 아이 돌보기'라는 제도를 마련하여 만 12세 이하의 아이가 아프면 부모 중 누구나 집에서 아이를 돌보게 한다. 유급으로 한 해에 60~120일을 사용할 수 있다.

우리 나라의 저출산은 여러 가지 원인으로 발생한다. 높은 집값, 교육비, 출산 및 육아 휴직을 쓰기 어려운 사회 분위기, 여성에게 집중되는 육아 부담 등이다. 자녀 교육에 필요한 비용이 연 평균 840만 원으로 선진국 어떤 나라에 비해도 월등히 비싸다. 인구의 절반이 결혼은 필수가 아니라고 대답한다. 전통적으로 여성은 직장인 대신 전업 주부가 될 것을 기대하는 나라에서 언제부턴가 개인의 자유를 우선시하여 의도적으로 결혼을 배제하는 풍조가 만연하기 시작했다.

세계 여러 나라 중에 우리 나라의 출산율 감소가 가장 심각한 것으로 밝혀졌다. 지난 15년 동안 155조 원을 투입하고도 세계에서 가장 낮다. 한국 개발 연구원은 저출산과 고령화가 2050년에 경제 성장률을 멈추게 할 것이라고 예상한다. 2020년에 72.1%이었던 생산 연령 (15~64세) 인구가 2050년에는 51.1%로 하락할 것이라고 한다. 교육 대학이나 대학 초등 교육과의 2023학년도 대입 정시 모집 경쟁률이 사실상 미달 상태에 이르렀다. 인구학의 석학 영국의 콜먼 David A. Coleman 교수는 '한국이 지구에서 사라지는 최초의 국가가 될 것'이라고 경고한다.

발등에 불이 떨어졌다. 선제적이고 과감한 대책으로 출산율 반등에 성공을 거두고 있는 프랑스, 스웨덴, 싱가포르, 헝가리 등에서 실시되는 제도를 검토하여 우리의 실정에 맞는 획기적인 대책을 수립해야 할 시점이다. 보조금 같은 미시적 접근 뿐만 아니라 가정 생활의 희생을 당연시하는 사회 문화나 양성 불평등적 노동 구조 등을 근본적으로 개선해야 한다. 전통적인 결혼이나 출산의 가치관에서 벗어나 비혼 출산율을 높일 수 있는 사회적 제도를 마련하는 것이 바람직하다.

통계청은 인구 동향을 면밀히 분석하여 1991~95년 사이에 출생한 사람들을 '에코 세대'라고 명명했다. 그 에코 세대가 결혼 적령에 이르면 자연스럽게 출산율이 반등하여 2046년이면 1.21명에 달할 것으로 기대한다. 재앙을 막을 수 있는 마지막 기회를 결코 놓쳐서는 안 된다. 고용·주거·보육·교육 등을 아우르는 장기 대책을 세우되 에코 세대에 맞추어 안정적인 일자리와 쾌적한 주거 환경 그리고 아이 키우기 좋은 직장 문화를 정착시킬 필요가 있다. 2024년 후반에야 조금 증가한 출산율이 그 추세를 유지해 주기를 바란다.

편견

"편견은 내가 다른 사람을 사랑하지 못하게 하고, 오만은 다른 사람이 나를 사랑할 수 없게 만든다." 영국의 여류 소설가 제인 오스틴의 『오만과 편견』에 나오는 말이다. 일상의 가정 생활을 주제로 한 그 소설은 유머와 풍자가 가득한데, 200여 년 전에 사물을 밝히 보는 작가의 안목과 식견을 그대로 나타내 주는 대사다.

인간 세계에서는 끊임없이 분란이 난다. 인간끼리 벌이는 전쟁은 인류가 존속된 이래 한 번도 끊인 적이 없었다. 오랜 세월에 걸친 많은 학자들의 연구에서 분란이나 전쟁은 편견이 주된 원인이었다는 사실이 도출되었다. 인간의 정신 생활의 기본 요소는 외계의 사물에 대한 근본적 사유의 형식 즉 범주라고 할 수 있다. 인식의 틀인 범주의 작용은 불가항력적으로 예단을 낳고, 섣부른 판단이 편견을 부른다.

어떤 특정 대상에 대하여 실제 경험에 앞서 갖는 주관적 가치 판단이 선입견이다. 인물이나 사건 또는 사물에 대해 사전에 접한 정보와 지식이 강력하게 작용하여 그들 대상에 대해 형성되는 고정적이며 변화하기 어려운 평가나 견해인 것이다. 선입견의 대부분은 역사적이거나 사회적 또는 종교적 요소에 의해 형성된다.

고정 관념은 어떤 사람이나 사물에 대하여 한 사회나 문화 속에 널리 퍼져 있는 지식이나 믿음이다. 젠더·인종·민족·출생 지역·갖가지 직업군 등에 갖는 관념으로, 예를 들면 체육인은 머리가 나쁘다, 흑인은 폭력적이다, 유태인은 인색하다, 금발은 멍청하다 등의 비뚤어진 생각이다. 특정의 사회 집단에 대해 생각하면 저절로 머리 속에 그림처럼 떠오르는 것이 고정 관념이다.

선입견이나 고정 관념은 어느 시대, 어느 사회에나 존재하여 그 자체로 크게 문제가 되지는 않는다. 그러나 그러한 것들이 합리화되고 고정되면 편견이 된다. 편견은 어떤 사물 현상에 대하여 그것에 적합하지 않는 의견이나 견해를 가지는 태도다. 대상에 대한 가치 판단도 포함되어 긍정적으로 높게 평가하거나 부정적으로 낮게 평가하는 정신 자세다. 대부분이 불충분하고 부정확한 근거에 기초하고, 비논리적이고 감정적인 태도로 나타나며, 집단적 현상을 띠는 경향이 있다. 편견이 사회화하면 차별적 행위, 물리적 폭력, 심하게는 집단 학살도 유발된다.

공정하지 못하고 한쪽으로 치우치는 성향이나 남에게 품는 나쁜 감정을 갖는 건 무엇 때문일까? 인간으로서는 인간 인식의 틀을 사용하지 않고 대상을 인식할 재간이 없어서 사람의 능력에는 한계가 있다. 그 때문에 자기 존재의 바탕을 초월하는 사고를 하기가 불가능하다. 세속적인 현실 또는 자신이 생각하고 바라고 투사하여 만든 현실만을 본다.

어렸을 때 부모의 양육 스타일이 영향을 미치기도 한다. 성장 과정에서 받는 또래 집단의 영향도 크다. 고정 관념에 관한 사회적인 논의의 부재나 다양한 집단에 관한 지식과 이해의 부족에서 발생하기도 한다. 우리는 허다히 직접적인 관찰이나 엄밀한 검증 없이 선입견, 고정 관념, 억측, 논리적인 비약 등으로 얼기설기 맞추어서 판단하고 결정 짓는다.

인간들 사이에는 뿌리 깊은 증오감이 있다. 인류의 역사에서 편견이 없던 시대는 찾아볼 수 없어서 편견과의 싸움에는 끝이 없다고 한다. 그런데 편견으로 가득찬 사람도 자기에게는 편견이 없다고 말한다. 편견의 자인을 자신이 비합리적이고 비윤리적인 존재라고 인정하는 것과 동일시하기 때문이다. 억압, 방어, 타협 등 다양한 방법을 동원해 내적 갈등에서 벗어나려고 해보기도 하지만 사람은 편견의 그물에서 완전히 빠져나올 수는 없다는 것이 철학자들의 공통된 의견이다.

편견을 갖지 않으려고 노력해야 한다. 편견에 빠지면 죄를 범하는 수도 있다. 모든 것을 흑백 논리로 판단 내리고, 모든 관계를 벗 아니면 적으로 치기 때문이다. 편견을 줄여 집단간의 갈등을 해소하기 위한 여러 가지 방안이 검토되었다. 입법을 통한 교정 방안에 주목하는 사람은 차별을 규제하는 입법으로 갈등을 줄일 수 있다고 주장한다. 외적 행위가 내면의 사고 습관과 감정에 영향을 주기 때문에 입법 조치를 공적인 차별만이 아니라 사적인 편견까지 감소시키는 주된 수단 중 하나로 포함해야 한다고 말한다.

시민들로 하여금 정확한 지식을 바탕으로 모든 일을 바르게 이해하도록 학교나 언론에서 도와 주어야 한다. 개인의 다양한 경험을 통한 인지 범위를 확대하기 위하여 새로운 경험을 갖는 것이 중요하다. 생활 속에 자리잡은 불필요한 오해와 선입견을 줄이기 위해 대화를 나눌 수 있는 기회를 마련하고 직접적인 접촉을 강화하는 것이 바람직하다.

모든 사람이 평소 자신의 행동과 사고가 고정 관념이나 편견, 근거가 박약한 관습에 뿌리를 내리고 있지 않은지 항상 반성하게 만들 수는 없을까? 어떤 것에서 해방되려는 노력이 꾸준히 이어지더라도 결국은 그 그물에서 완전히 빠져 나오기는 쉽지 않은 일이어든 하물며 그런 노력조차 하지 않을 때 우리의 정신 세계가 얼마나 황폐되겠는가?

일찍이 선인들은 부화 뇌동이나 폐형 폐성이라는 말로 굳게 지키는 자신의 주의 주장은 없이 아무 것도 모르고 덩달아 남의 의견을 따르면 안 된다는 사실을 일깨워 주었다. 전문가들은 객관적으로 관찰하고 판단하며 편견을 갖지 말고 타인의 주장이나 이론에 늘 진지하게 귀 기울이라고 권장한다.

행복

해탈은 깨달음을 통해 이루어지고, 깨달음은 명상을 통해 이루어지며, 명상은 올바른 삶을 통해 이루어진다. 명상은 그 자체로 완성되는 기술이 아니다. 불교의 교리는 명상을 통해 참다운 지혜를 얻는 것이다. 마음을 연마해야 올바르게 행동할 수 있음을 최초로 강조한 종교라고 할 수 있다.

부처가 설한 가르침 가운데 핵심은 마음이다. 선은 서양에서 그토록 찾고 있던 진리를 일상의 삶 속에서 구현하는 길이다. 행복하게 살려면 마음을 잘 써야 한다고 역설한다. 일체가 마음이 짓는 것임을 통찰한 원효 대사는 "한 마음이 일어나니 온갖 존재가 일어나고, 한 마음이 사라지니 온갖 존재가 사라진다."고 외쳤다.

좋은 운수를 행복이라고 한다. 우리의 삶은 근본적으로 행복을 위해 나아간다. 누구나 행복을 추구하는데, 행복이란 나비와 같아서 추구하면 언제나 사람의 손이 미치는 범위의 밖에 머물다가 가만히 앉아 있노라면 어깨 위에 내려앉기도 한다. 행복은 각자의 마음 안에 있어서 안에서 찾아야 한다. 그래서 행복해지는 법을 배워야 하는 것이다. 안식을 높혀 행동을 시대의 흐름에 잘 맞추어야 행복하게 살 수 있다. 행복한 삶을 위한 또 하나의 요소는 영적인 차원을 갖는 일이다.

　동서를 막론하고 오랜 세월에 걸쳐 많은 사람들의 높은 평가를 받고 애호된 고전은 사랑과 자비가 중요하다는 것을 끊임없이 일깨운다. 동양 문화권에서 가장 중요한 고전 가운데 하나인 논어의 유명한 구절 덕불고 필유린은 덕이 있는 사람은 외롭지 않으니 반드시 뜻을 같이하는 사람이 가까이 있다는 말이다. 남에게 덕을 베풀며 사는 사람은 다른 사람을 평온하고 화목한 덕의 길로 인도해 주면서 그 길을 함께 나아가기 때문에 외롭지 않은 것이다. 곧, 덕을 쌓는 데에 전력을 다하라는 말이다.

　예수께서는 산상 수훈의 첫 머리에 "마음이 가난한 사람은 행복하다. 하늘 나라가 그들의 것이다." (마태 복음 5:1) 라고 했다. 자주 인용되는 구절이지만 감을 잡기는 쉽지 않다. 21세기 최고의 인도주의자로 추앙 받던 행동하는 성자 피에르 신부가 오랜 명상 끝에 그 뜻을 풀이했다. "자신이 가진 모든 재산을 나누어준다는 의미가 아니다. 어느 누구나 자신의 능력, 특권, 재능, 학식을 가지고 약자들과 가난한 자들을 위해 무엇을 했는가? 자문했는지를 묻는 것으로, 그렇게 묻는 자가 마음이 가난한 자이다. 미래의 얘기가 아니라 하늘 나라가 이미 여기에 와 있음을 나타낸다."

자비심으로 남에게 조건 없이 베푸는 것을 보시라고 한다. 불가에서는 베푸는 것을 세 가지로 요약한다. 첫째는 재물로 남을 돕는 재시다. 둘째는 진리를 깨달아 다른 사람에게 설해 주는 법시다. 셋째는 살아가면서 늙고 병들고 죽는 것에 대해 느끼는 사람들의 두려움을 없애 주는 무외시다.

불가의 경전에는 이런 예화도 있다. 어떤 사람이 하는 일마다 제대로 되지 않아 부처님을 찾아갔다.

"저는 하는 일마다 뜻대로 되지를 않습니다. 이것이 무슨 까닭입니까?" 하고 물었다. 그러자 부처가 "그대가 남에게 베풀지 않았기 때문이다." 한다.

"가진 것이라고는 아무 것도 없는데 어떻게 베풀 수가 있습니까?"

"그렇지 않느니라. 재물이 없어도 베풀 수 있는 방법 일곱 가지 [無財 七施]가 있다."

첫째는 화안시和顔施다. 얼굴에 화색을 띠고 정다우면서 부드럽게 남을 대하는 것이다. 둘째는 언사시言辭施다. 칭찬, 위로, 양보, 유연한 말로 남을 돕는 것이다. 셋째는 심시心施다. 자비로운 마음으로 사람을 대하면 그 사람을 행복하게 만든다. 넷째는 안시眼施다. 편안한 눈빛 하나로도 남을 도울 수가 있다. 다섯째는 신시身施다. 남의 짐을 들어 주거나, 사람을 만나면 공손하게 인사하는 것도 돕는 일이다. 여섯째는 상좌시床座施다. 자리를 남 특히 노약자에게 양보하는 것도 돕는 일이다. 일곱째는 방사시房舍施 (또는 찰시察施) 다. 잘 곳이 없는 사람에게 머무르게 하는 것이며, 묻지 않고 상대의 속을 헤아리는 것이다.

경주 교촌의 최부잣집은 가진 자와 가난한 자들이 더불어 살아가는 방법을 실천했다. 만 석 이상의 재산은 사회에 환원하라, 주변 100리 안에 굶어 죽는 사람이 없게 하라, 흉년에는 땅을 사지 말라, 과객을 후하게 대접하라는 등의 가훈을 정하고, 12대에 걸쳐 꾸준히 지켰다. 과객들의 대접에 매년 1,000석의 쌀을 사용했다. 하루에 많게는 100여 명이 사랑채에 묵었으며, 별도의 뒤주를 마련하여 누구든지 쌀이 필요하면 가져가게 했다. 일제 치하에는 상해 임정을 비롯한 독립 운동 단체에 자금을 지원했고, 1950년대에는 마지막 최부자였던 최준이 고택을 포함한 전 재산을 대구 대학교를 설립하는 데에 헌납했다.

세간에 전해지는 '삼대 거지 없고 3대 부자 없다.' 는 속담은 선행은 오래 계속되어야 함을 이르는 말이다. 최부잣집 사람들은 선행을 계속함으로써 300년 동안 삼천 석의 부자로 행복하게 살았던 것이다. 남을 돕는 일은 결국 자기를 돕는 일이다. 부자로서의 사회적 역할에다 시대의 변화에 맞게 변모한 최부잣집이 재물을 지키는 것보다 골고루 나눠 많은 사람들이 혜택을 입을 수 있는 길을 찾는다는 일념으로 종가의 재건에 나섰다고 한다. 그 종가의 앞날에 하느님의 가호가 있기를 간절히 기도한다.

제4부

군사부일체
놀이
사고의 근원 뇌
생각
운전 면허
인간의 오랜 친구
자아 비판
장진호 전투
주방의 수인

군사부 일체

근자에 학부모의 괴롭힘 때문에 극단의 상태에 이른 교사가 스스로 자기 목숨을 끊었다는 뉴스가 가끔 신문에 난다. 학부모가 하찮은 일로 교사의 돈을 우리는가 하면 자기의 애는 특별한 아이이니까 함부로 다루지 말라고 교사를 협박한다. 그뿐더러 학생이 선생을 구타했다는 어처구니없는 뉴스도 번번이 실린다. 어쩌다가 이 지경에 이르렀는지, 나라의 앞날을 위하여 실로 통탄할 일이다.

나로 하여금 20여 년 전에 읽고 놔둔 책을 다시 집어 들게 만든다. 이케하라 마모루가 26년 동안 한국에서 살면서 느낀 점을 나름대로 적은 책이었다. 『맞아 죽을 각오를 하고 쓴 한국·한국인 비판』(중앙 M&B, 1999) 이라는 희한한 제목으로, 나라는 무법 천지고 국민은 염치가 없다고 비판했다.

문인도 아닌 터에 책을 낸다는 것은 생각도 못했단다. 잘난 체하는 건 아닐까? 자기의 괴팍한 성미를 아는지라 내용에 독단과 편견이 들어가지 않을까? 걱정이 많았다고 한다. 한국인들이 일상 생활에서 보여 주는 모습을 속속들이 꿰어 본 다음 적은 느낌이었다.

서른여덟 가지로 나뉜 내용이 비난이라기 보다는 자신의 감정을 솔직하게 전달하는 건설적 비판이어서 고개를 끄덕이게 만든다. 제1장에 들어 있는 '망나니로 키우는 가정 교육'이 내 관심의 대상이었다. 자기가 당한 일에다 아파트 복도에 아무렇게나 팽개쳐져 있는 아이들의 자전거를 보고 가정 교육이 제대로 되지 않는다는 것을 느꼈다고 한다.

일본사람들은 자식을 밖에 나가 남에게 폐를 끼치지 않고 항상 감사하며 사는 사람으로 만들려고 애쓴다고 알고 있다. 아버지가 아들의 학교 교육이 잘못되고 있다 싶어 하루는 담임 선생을 집으로 초대했다. 일본의 수상인 그 아버지가 선생님 앞에서 무릎을 꿇고 깍듯하게 대접하는 것을 목격한 아들의 태도가 일변하여 학교 생활을 전에 없이 잘하게 되었다는 오래 전에 들은 이야기도 생각난다.

가정에서 일상 생활을 통하여 부모가 자녀에게 주는 영향 또는 가르침이 가정 교육이다. 그 교육은 흔히 태아에게 좋은 영향을 주기 위하여 임부가 정신적인 안정과 수양을 도모하고 언행을 삼가는 태교로부터 시작된다. 세 살 적 버릇이 여든까지 가기 때문에 어릴 때 배우고 익혀 사람이 타고나는 선한 본성을 지킬 수 있게 하려고 서당을 두었으며, 나중에는 학교를 세워 가르쳤다.

중국 송대에 주희가 마음을 닦고 행실을 바르게 하여 삶을 복되게 만드는 데에 필요한 옛 성인들의 가르침을 모아 『소학』을 만들

없고, 그 책이 고려 말에 우리 나라에 전해졌다. 여러 가지 형태로 끊임없이 간행되어, 선비치고 그 책을 읽지 않은 사람이 없었다. 명륜편에 아버지는 나를 낳아 주고, 스승은 나를 가르쳐 주고, 임금은 나를 보호해 주어 세 군데서 생명을 받으니 그 셋을 똑같이 섬겨야 한다고 적혀 있다. 우리 나라에서만 사용되는 군사부 일체라는 말의 기원을 거기서 찾을 수 있으며, 다분히 교육의 중요성을 일깨우기 위해 생긴 말이라고 할 수 있다.

우리는 전부터 아름다운 그림이나 사진을 액자에 끼워 걸기도 하고, 붓으로 쓴 성인들의 교훈을 표구하여 벽에 걸어두고 분위기를 띄웠다. 앞으로의 행동이나 생활에 지침이 될 만한 가훈을 만들기도 했다. 그런데 언제부턴가 교육의 방향이 완전히 비뚤어졌다. 과연 자식을 어떻게 가르쳐야 하는지를 부모들이 알기나 하는가, 아니면 생각이라도 해본 적이 있는가 의심스러운 세상이 되어 버렸다.

자식을 가르치는 일보다 더 어려운 일은 없다고 해서 그에 대한 의견이 분분하고, 관련된 속담이나 명언도 부지기수로 많다. 우리에게는 매로 키운 자식이 효성 있다는 속담이 있고, 서양에는 매를 아끼면 아이를 버린다는 속담이 있다. 매는 사람이나 짐승을 때리는 막대기·몽둥이·회초리다. 잘 되라고 매도 때리고 꾸짖어 키우면 자식도 커서 그 공을 알아차려 효도를 하게 된다는 것이다. 그러나 벌칙을 정하여 엄하게 처벌하는 것은 삼가고, 애정이 어린 마음으로 편안한 상태에서 훈육해야 한다. 심리학자들은 어른이 할 수 있는 가장 중요한 일은 애들의 말을 주의 깊게 들어 주는 것이라고 한다.

소가족 제도가 정착되면서 우리의 가정 구조가 삼각형이 되었다. 남편과 아내가 양쪽에 있고, 자식이 꼭지점에 위치하여 무게 중심이 된다. 겨우 한두 명만 낳기 때문에 모든 일에 자식이 먼저다. 불편을 덜어 주고 무한히 사랑하는 것은 당연하나 그것이 자녀 교육의 다는 아니다. 감싸고 도는 것 만이 능사가 아님을 깨달아야 한다. 자식을 불행하게 하는 가장 확실한 방법은 언제나 무엇이든지 손에 넣을 수 있게 해주는 일이라지 않던가.

아무리 어려움을 당할지라도 자식은 꼭 가르쳐야 한다. 버릇없이 기르면 애물단지가 되는 것이 자식이다. 아이들은 부모의 말이 아니라 행동에서 배운다는 사실을 인식하고, 자식을 가르치는 올바른 법을 배울 필요가 있다. 죄인의 목을 베던 사람을 망나니라고 했는데, 망나니는 언동이 몹시 막된 사람이라는 뜻도 가지고 있다. 공중 도덕과 교통 법규를 준수하는 일은 어릴 적부터의 가정 교육에 달렸으며, 그 교육만 제대로 되면 온갖 사회 문제가 저절로 해결된다.

놀이

단어 '놀다'는 재미있게 즐기다를 비롯하여 대체로 아홉 가지 뜻으로 쓰인다. 즐거움을 얻기 위해 자발적으로 행하는 모든 활동을 놀이라고 한다. 규칙을 정해 놓고 승부를 겨루는 놀이는 게임이라고 하는데, 게임의 구성 요소는 재미다. 재미는 아기자기하게 즐거운 기분이나 느낌이다.

어린아이는 손에 닿는 것이면 무엇이든 쥐고 입을 맞춘다. 아장아장 걷기 시작하면서부터는 각석이나 각재를 쌓으며 논다. 조금 더 자라면 장난감을 가지고 놀거나 소꿉질하며 논다. 나는 어렸을 적 시골에서 제기차기를 즐겼다. 마당 한쪽에 금을 그리고 납작한 돌을 차 넣는 놀이도 했다. 동무들과 어울려 한 발은 들고 한 발로만 뛰어가는 깨끔질이 잊히지 않는다. 분명 그런 놀이가 내 신체의 위치나 운동의 변화를 감지하는 평형 감각을 유지하게 했을 것이다.

사회 생활을 익히면서 책임을 중히 여기는 마음을 갖는 성인이 된 뒤에는 흔히 놀이의 재미를 잃는다. 현대의 성인들은 지겹도록 진지한 엄숙함에 시달리고 있다는 사실이 최근의 연구에서 밝혀졌다. 심리학자들은 나이가 들어서 놀이를 하지 않는 것이 아니고 놀이를 하지 않아서 늙는다고 한다. 즐길 줄을 모르면 사는 재미도 못 느끼는데…….

놀이의 반대말은 노동이 아니라 의기 소침 또는 침울이라고 한다. 놀이에 관한 본능적 욕구를 억누름으로써 자신은 물론 자손들이나 심지어 지구에까지 갖가지 문제를 일으킨다. 성인들의 놀이가 경박하고 지각없는 행위로 보일지 몰라도 최근의 연구 결과는 포유 동물 나아가 모든 척추 동물에게 수면만큼 필요한 것으로 나타났다.

놀이의 동인은 신경 계통의 부분 중 가장 오래된 뇌간에서 유래되었다는 사실이 최근에 확인되었다. 쥐의 대뇌 피질을 완전히 제거해 버려도 놀이 본능은 없어지지 않았던 것이다. 동물이 본능적으로 좋아하는 놀이는 어렸을 때 몸을 가누는 데나 자연 환경에 적응하는 데에 도움이 된다. 공부만 시키고 놀리지 않으면 아이들은 바보가 된다는 속담도 있다. 나이 든 뒤에는 대부분이 놀이를 중단하지만 늑대·까마귀·돌고래·원숭이·사람·유인원 등은 놀이를 중지하지 않는다.

연구가 수행되어 그 이유를 밝혀냈다. 성숙한 동물의 놀이가 저들이 사는 데에 유용한 발견으로 유도한다는 사실이 마카크속 원숭이들을 대상으로 한 연구에서 증명되었다. 먹이가 들어 있는 상자 둘과 돌을 놔두고 먹이를 꺼내는 수수께끼를 냈다. 재미로 돌을 떨어뜨리는 것을 본 적이 있는 원숭이들은 돌을 떨어뜨려 수수께끼를 풀었다. 반면 돌을 마주 부딪치며 쾅하는 소리를 즐겼던 원숭이들은 상자를 돌로 쳐서 문제를 푸는 것이었다.

그 연구의 결과는 선사 시대에 처음으로 석기의 개념을 파악한 사람은 놀이를 좋아하는 원시인이었을 것이라는 사실도 암시한다. 오늘 날에도 놀이에 대한 강한 충동이 위대한 발견, 뛰어난 예술 작품, 과학의 비약적인 발전 등을 낳는다. 노벨상 수상자들을 인터뷰했더니 대부분이 일과 놀이를 떼어놓지 않으며, 실험실이 곧 그들의 행락지여서 놀랐다는 이야기도 들린다.

늑대가 조직화된 무리 속으로 들어가려면 노는 방법을 알고 있음을 입증해야 한다. 시간을 두고 함께 뛰어놀면서 새로 온 녀석이 무엇을 좋아하고 싫어하는지 알아낸다. 싸움 놀이를 하는 동안 힘이 센 녀석이 등을 땅에 대고 드러누워 상대에게 이길 수 있는 기회를 준다. 무리 안에서는 모두가 평등해야 한다는 것을 나타내는 행위라고 한다. 친목을 위한 놀이는 언제나 협동적이며, 그 목적은 이기는 것이 아니라 게임을 계속하는 것이다.

퇴직한 뒤에는 새롭게 살아야 한다는 것을 익히 알고 있었지만 일생을 바친 직장을 그만두고 바로 미국으로 옮아온 나에게는 결코 적잖은 변화였다. 앞으로 어떻게 살아야 할지 숙고하지 않을 수 없었다. 다행히도 낯선 땅이 적소였다. 게다가 생활의 여유로움, 글쓰는 고독, 이방인에게 찾아드는 정적 등이 나를 편안하게 해주었다.

편안한 생활을 보장해 주는 요령을 나도 모르는 사이에 터득했던 것이다. 사람들과 잘 어울리고 휴식을 즐기면서 살고 있었다. 항상 깨끗하고 냉난방이 잘되는 노인 회관에서 탁구를 치고, 때로는 고지 사막 지대를 걷는다. 재촉에 떠밀리지 않으면서 읽기나 쓰기 같은 오직 하고 싶은 일만 할 수 있는 지복을 누린다. 내가 상재한 첫 번째 수필집이 『평일에는 놀고, 주말에는 쉬고』이었다.

불행히도 사회 규범이 놀이를 삼가하게 만드니까 거기 따라서 우리에게도 놀이를 좋아하는 사람을 비난하고, 무책임하게 느껴지는 것을 꺼려하며, 다른 사람들이 자기를 유치하게 생각하기를 원하지 않는 경향이 있다. 더러 어리석고 유치하다고 치부해 버리지만 사람을 유쾌하게 해주는 놀이는 인간의 생존에 기본이라고 할 수 있다. 여럿을 하나로 모아 합치는 데에 도움이 되고 협동성·창조성·적응성·평등심 등 사람의 모든 좋은 특성을 높인다.

때마침 전쟁이나 기후 변화 따위의 중한 위험에 처하여 자칫 심각해질 수 있는 시점이다. 그렇지만 우리는 바로 그 반대되는 마음의 자세를 가질 필요가 있다. 놀이는 험난한 세상일수록 창의성과 낙관주의가 요구된다는 것을 가르친다. 마음과 힘을 서로 합하는 능력을 기르고, 우리와 다른 생각을 가진 사람과도 잘 어울리게 한다. 놀이의 중요한 기능은 관계를 맺어 유지하게 해주는 것이다.

사고의 근원 뇌

　사람의 뇌는 세상에서 가장 복잡하고 신비한 구조물로 몸에서 일어나는 모든 기능을 조절하여 항상성을 유지하게 만든다. 기억하고 말하고 움직이는 행위가 모두 뇌를 통하여 이루어진다. 그런데 최근 몇 년 동안 독일, 영국, 프랑스 등에서 실시된 검사의 결과 사람의 지능 지수가 정체되거나 갈수록 낮아지고 있는 것으로 나타났다. 인간의 뇌가 더 이상 진화하지 않는 현상이라고 할 수 있다. 뇌에서 지능을 뽑아 내려는 신경 생리학 분야의 연구는 한계에 부딪쳤고 머리를 쓰라는 말이 통용되지 않는 시대가 오고 있다고 한다. 자주 사용되지 않는 기관은 점점 퇴화하기 마련인데 어떤 일에 대하여 이모 저모로 깊이 생각하지 않으면 어떻게 될까?

　앤디 클라크 A. Clark 워싱턴대 교수는 1997년에 '확장된 마음' 이론을 발표하여 인간의 사고하는 능력에 관한 생각을 바꾸게 만들었다. 자고로 사고는 머리 속에서 일어나는 것으로 이해되어 왔다. 하지만 인지 또는 마음이 뇌만의 작용으로 나타난다든가 그저 우리의 머리 속에서만 진행되는 것은 아니고 한계를 벗어나 몸과 환경적 요소로 확장될 수 있다고 주장한다.

과학 기술과 뇌 사이의 경계가 사회에 크게 영향을 미치는 문제여서 의문을 제기한 것이다. 그에 따라 마음에 대한 전통적 접근이 갖는 문제를 돌이켜 보는 것은 물론 인지·정서·행동을 새롭게 이해할 수 있는 연구 프로그램이 활발히 논의되고 있다. 여러 가지 기계나 기법이 정보를 생각해 내고 체계화하는 사람의 일에 도움을 주는 시대다.

마음은 어디까지이며, 마음 밖의 자연계는 어디서 시작되는가? 인공물인 의족이 몸의 일부가 되듯이 컴퓨터 같은 과학 기구가 마음의 일부가 될 수도 있으며, 뇌 밖에서 이루어지는 사고가 우리의 정신을 넓힐 수 있다. 지능은 물론 창의력과 기억력을 향상시키는 힘이 뇌 바깥에 있다는 이론은 사례가 풍부할 뿐만 아니라 설득력도 가진다.

독일의 과학저술가 슈테판 클라인 S. Klein은 『창조적 사고의 놀라운 역사』(2021) 라는 그의 책에서 '집합된 뇌'의 중요성을 역설한다. 지금까지 인류의 삶에 변혁을 초래한 네 가지 중요한 사건을 차례로 나열하여 새로운 개념을 구성한 것이다.

먼저 2011년 7월 케냐의 유적지 르메크위에서 발견된 수많은 뗀석기를 든다. 약 330만 년 전 구석기 시대의 인류가 만든 것으로 추정되는 그 도끼나 찍개들은 그 때 사람들이 서로에게서 배우고 새로운 아이디어를 내며 의견을 전달하는 문화를 갖고 있었음을 나타내어 물질적 변혁을 겪었다는 사실을 알려 준다.

그 뒤 오랫동안 답보하던 인간의 창조력이 약 4만 년 전에 갑작스럽게 부상하여 그림, 조각, 피리, 정교한 도구들을 만들기 시작하고, 정착 생활을 시작한 1만 년 전부터는 신화와 예술로 대표되는 상징적 사고를 하기에 이른다. 정신적 변혁이었다.

구텐베르크가 5세기 중반에 발명한 활판 인쇄술은 인류의 역사에 문화적 및 사회적으로 엄청난 영향을 끼쳤다. 특히 사물을 슬기롭게 판단하고 인식하는 전 세계의 힘이 모아지게 만들었다. 서로 연결됨으로써 적극적인 의사 소통을 통해 배우고 협력하는 인간의 두뇌가 새로이 생겨난 계기가 되었던 것이다. 집합된 뇌는 이미 알려진 가능성을 탐구하여 그것을 여러 가지 방법으로 변화시킴으로써 새로운 가능성을 찾게 해주었다.

클라인은 커지거나 진화한 것은 인류 개개인의 뇌가 아니라 집합된 뇌였다고 주장한다. 인간만이 소유하는 창조적 사고는 뇌의 크기에서 온 것이 아니고 집합된 뇌의 출현과 함께 세계의 인구가 비약적으로 증가하여 더 많은 소통과 교류가 이루어짐에 따라 아이디어도 더 많이 도출되었다고 한다. 그리고 우리는 지금 컴퓨터, 이동 통신, 인공 지능을 통한 중요한 변혁기를 겪고 있다.

확장된 마음 이론은 집합된 뇌와 맥락이 닿아 있는 것으로 보인다. 우리의 역사는 조상들이 서로에게서 배우기 시작하면서 비롯되었다. 문화 속에 융해된 타인의 경험을 살려 그 토대 위에서 생각하는 사람만이 문제의 해결 가능성을 가지게 되며, 집합된 뇌에 축적된 지식은 참신한 아이디어를 빚는 재료가 되어 창조적 사고를 가능하게 만든다. 정보를 자신의 뇌 밖에서 다루고 축적하는 데에 익숙해지게 하고, 이성적으로 사고하게 해준다. 그래서 어떤 유인원보다 많은 인내심을 갖고 정확하면서도 즐거운 자세로 타인의 활동이나 행동을 모방하여 새로운 아이디어를 창출한 다음 공동체에 뿌리내리는 능력을 발휘하고 있다.

지난 3년은 21세기 인류가 코로나의 창궐을 맞은 최악의 시기였다. 전 세계의 6억 8천만 명이 감염되어 6백 80만 명이 목숨을 잃었다. 그 어려운 고비를 다국간의 비약적인 협동으로 극복했다. '세계 행복의 날'을 맞아 실시된 조사는 팬데믹을 거치는 동안 웃고 즐겁고 재미있는 감정을 느꼈다는 응답이 걱정되고 슬프고 화났다는 응답의 두 배나 많았다는 것을 보여 준다.

유행병에서 벗어난 인류는 안전에 위협이 되는 또 다른 역경에 처했다. 지구의 온난화가 초래하는 극단적인 날씨가 지구촌 전체에 재앙을 내린다. 거기에 대처할 수 있는 시간이 얼마 남지 않았다고 걱정들 한다. 그러나 온 세상의 수많은 사람들이 나서서 대처하고 있으니 내 걱정이 한낱 기우에 불과할 것이라고 믿는다. 우리는 어떤 위기도 기회로 바꾸면서 살고 있지 않은가.

생각

　마음은 의식, 감정, 생각 등 모든 정신 작용의 근원이다. 그 중의 생각은 결론을 얻으려고 헤아리고 판단하고 인식하는 지적 작용으로, 목표에 이르는 방법을 찾으려는 정신 활동이다. 사고, 사유, 사상이라고도 하며 일상에서 아주 여러 가지로 쓰인다.

　어떤 것에 대한 의견이나 느낌을 '내 생각은 이렇다'고 하거나 '내 생각을 솔직하게 표현한다'고 한다. 머리 속으로 그리는 상상이나 상념을 '생각조차 못했던 일' 또는 '깊은 생각에 빠졌었다'고 한다. '생각이 안 난다'는 말은 어떤 것에 대한 기억이 나지 않는다는 말이다. '모든 걸 잊고 공부에 전념할 생각이다' 라는 말로 마음속의 작정이나 각오를 나타낸다. 사리를 분별하라는 뜻으로 '생각 없이 말을 내뱉지 말라'고 한다. '금방 점심을 먹었더니 아무 생각이 없네'로 자기의 관심이나 욕구가 없음을 드러내 보인다.

　사람은 생각할 줄 아는 동물이다. 프랑스의 사상가 파스칼은 유명한 그의 철학서 『팡세』의 서두에 "인간은 자연 가운데서 가장 약한 하나의 갈대에 불과하다. 그러나 그것은 생각하는 갈대다." 라고 했다. 광대 무변한 대자연 가운데 하나의 갈대와 같이 가냘픈 존재에 지나지 않은 것이 인간이지만 생각하는 힘으로 우주를 포용할 수도 있어 위대하다는 뜻이다.

생각은 저절로 나는 것이어서 하루에도 오만 가지 생각을 하며 사는 것이 사람이다. 마음은 하루의 일과부터 주변의 인생이며 세상사까지 날마다 계속되는 수없이 많은 생각의 흐름으로 넘쳐난다. 조사에 따라 다소 차이는 있으나 보통 사람이 하루에 생각하는 횟수는 대략 50,000번에 달한다고 알려졌다. 시간 당 약 2,000번을 생각하는 셈인데, 98%가 어제 생각의 되풀이이고 새로운 생각은 2% 뿐이라고 한다.

어려움에 처하면 누구에게나 삿된 생각이 생기게 마련이나 그것은 다만 우환을 더 크게 할 뿐이다. 긍정적인 생각은 삶에 대한 만족도를 높여 주어 행복하게 만들 뿐만 아니라 목적을 성취하게 해준다. 그와 달리 부정적인 생각은 의욕을 떨어뜨려 어떤 일이나 행동을 일으키게 하는 계기를 잃게 만든다. 흔히 다른 사람과의 갈등을 촉발하여 목표의 달성을 어렵게 한다.

어리석은 사람은 지금 하고 있는 일에 몰두하지 않고 다음에 할 일을 미리 생각한다. 마무리 짓지 못한 일, 엉성하게 한 짓, 잘 해낸 일을 돌이켜 생각한다. 항상 생각하고 걱정하고 의심하고 자축하고 계획하고 후회한다. 행동만이 아니고 생각도 사람을 피곤하게 만드는 법이라 에너지를 쓸데없이 낭비하는 꼴이라고 할 수 있다.

세상을 제대로 사는 데는 건전한 사고 방식을 가져야 해서 바른 생각을 갖도록 해주는 조언도 많다. 생각을 성급하게 말이나 행동으로 옮기면 자신에게도 타인에게도 해롭다. 숙성된 생각은 의견이 되고, 남의 생각을 자기의 것으로 만들면 편견이 되기 십상이다. 정확하게 생각하는 법을 습득하라고도 하고, 말하기 전에 생각을 정리하라는 뜻으로 두 번 생각하라고도 한다. 생활은 간소하게 하고, 생각은 산기슭에서 산꼭대기를 올려다보듯이 높고 원대하게 하라. 어떤 의심스러운 생각이 자꾸 떠오르면 그 생각을 자세히 들여다보라. 훌륭한 정원사는 잡초가 생길 때마다 즉시 뽑아버리는 것이 정원을 가꾸는 데에 가장 중요한 일임을 익히 아는 사람이다.

　생각이 없는 사람도 많고, 생각으로 죄를 짓는 사람도 많다. 남의 생각을 받아들여 내 것으로 착각하며 사는 사람도 많다. 숙성되지 않은 생각을 연속해서 쏟아 놓는 사람이 많을수록 세상은 혼탁해지는데, 소셜 미디어의 이용자가 부쩍 늘어 부추기고 있다. 음모론이 판치고, 신종 코로나바이러스가 두려움에 떨게 하며, 기후의 변화가 수많은 사람을 위험에 빠트리는 험난한 세상에 배웠다는 자들이 항간에 떠도는 터무니없는 소문이나 음모론을 그대로 믿고 주변의 다른 사람에게 퍼트리는 것을 본다.

　생각을 줄이면 여러 가지로 이롭다. 가장 쉽고 쓰기에 편리한 호흡에 정신을 집중하면 잡념이 줄어든다. 운동도 도움이 되며 눈을 감고 어떤 한 가지 일을 깊이 생각하는 방법도 좋다. 전문가들은 시각화하는 방법이나 경험적 또는 실증적 사실에 입각하여 잡념을 없애라고 권장한다. 자기가 지금 하는 일에 차분히 몰두하는 자세를 가지라고 한다.

혼자 있는 시간이 생각을 줄이는 데에 도움이 된다. 그 시간을 가능하면 자연 환경 속에서 가지라. 나무 사이를 걸으면서 자연이 주는 혜택까지 누리면 더욱 좋다. 자연 속에서 보내는 시간은 마음의 상처를 치유해 주며, 삶의 가치관을 정립해 주고, 빗나간 관계를 복구시키며, 사고를 명료하게 해준다. 흙과 접촉하면 삶에서 무엇이 가장 소중한지도 깨닫게 된다.

유학 시절에 생각을 한국말로 하는가 아니면 영어로 하는가에 대한 친구들의 질문을 받고 선뜻 대답할 수 없어서 잘 모르겠다고 했던 기억이 난다. 한 가지 이상의 언어를 사용하면 인지적으로 도움이 되고, 치매 증상이 나타나는 것을 늦춘다는 연구 결과도 보고되었으며, 다양한 사람들과 대화하는 사회적 이익도 있다는 건 안다. 하지만 늙으막에 미국에 와 20여 년을 살면서 집에서는 우리말을 하고 문을 나서면 영어를 쓰고 있는데, 어떤 말로 생각하는지는 종잡을 수가 없다.

운전 면허

생각이나 판단이 분명하고 똑똑한 10대들도 때로는 멍청한 짓을 한다. 16세의 아이들은 마치 뇌의 한 부분이 없는 것처럼 차를 몬다. 모두 자신들의 잘못이 아니라 어쩔 수 없는 일이라고 한다. 뇌가 발달하는 도중에 나타나는 현상이기 때문이라는 것이다. 아직 덜 발달된 뇌의 부분은 비판이나 계획 수립 등 사고 및 집중력을 맡아서 다루는 기관인 전두엽 피질이다.

어떤 결정을 하거나 문제를 해결하는 것이며 자기의 행동이 나중에 어떤 결과를 유발할 것인지를 이해하는 데에 중요한 역할을 하는 바로 그 부분이 20세 전에는 충분히 발달되지 못한다. 미국에서는 10대 어린이들이 해마다 약 300,000건의 충돌 사고를 내어 6,000명이 사망하고 있었다. 16세의 운전자는 17세보다 세 배, 18세보다는 다섯 배의 충돌 사고를 유발했다. 뇌가 완전히 성숙할 때까지 시간을 주어 10대들로 하여금 운전을 안전하게 배울 수 있게 만드는 방법은 없을까?

어떤 특정한 일을 행하는 것을 허가하는 행정 기관은 법령에 의해 금지되어 있는 행위를 자격을 갖춘 일반인에게 허가해 준다. 운전 면허는 도로에서 자동차를 움직여 굴릴 수 있는 자격으로 도로 교통법에 따라 시·도지사가 발급한다. 면허의 내용과 사실을 기재하여 발급하는 증거가 면허증이다.

대개 나이 18세가 되면 미국 사람 누구나 자동차 운전을 배워 제한이 없는 면허증을 발급 받지만 그 보다 빨리 운전을 하고 싶은 젊은이들은 단계적인 운전 면허법에 의한 면허를 받는다. 그들에게 부여되는 특권을 점차 늘림으로써 사고를 줄이기 위해서 고안된 법이다.

노스캐롤라이나 주에서 1997년에 맨 처음 시행된 그 법이 충돌 사고를 감소시키는 데에 매우 유효한 것으로 밝혀졌다. 아주 멋진 기준을 정하여 시행하기 시작했던 바 16세들의 충돌 사고를 25퍼센트나 감소시켰던 것이다. 다소 차이는 있지만 미국의 모든 주에서 자체의 형편에 맞게 그 법을 시행하고 있다.

단계적인 운전 면허법은 세 단계로 구성되어 법의 본질·특징을 잘 구현한다. 실습생 면허는 완전 면허를 가진 운전자의 감독하에서만 운전할 수 있는 면허이며 최소한의 연령과 소지하는 기간이 정해진다. 중간 단계 면허는 운전할 수 있는 시간 (야간) 과 승객의 제한 (같은 또래의 친구) 을 받으며 소지하는 기간도 정해진다. 맨 나중의 완전 면허는 나이와 여타의 요건을 갖춘 사람에게 발급되는 제한이 없는 면허다.

전미 고속 도로 교통 안전 위원회의 규정과 공중 보건법은 자동차를 운전하는 사람 모두가 지켜야 할 사항을 명시한다. 운전중에 휴대 전화를 사용하거나 문자를 보내서는 안 되고, 반드시 안전 벨트를 매야 하며, 약물 및 알코올의 영향하에서는 절대로 운전할 수 없다.

술이나 약의 기운이 몸에 퍼져 정신이 정상적 활동을 잃게 되는 것을 취했다고 한다. 알코올 성분이 있고 마시면 취하는 음료가 술인데, 우리의 일상에는 맥주·청주·막걸리 등의 발효주, 소주·고량주·위스키 등의 증류주, 알코올에 과일이나 약재를 넣은 혼성주 등이 지천이어서 마실 기회가 많다. 손님을 대접하는 데에 술이 없어서는 안 되고, 오랜만에 친구를 만나면 술판이 벌어지게 마련이다. 그래서 더러 술을 마시고 운전하게 된다.

술은 적당히 마시면 유쾌한 기분을 느끼고 몸에 해롭지도 않다. 하지만 적당하게 마시기 어려운 것이 술이기도 하다. '술이 술을 먹는다'는 말은 취할수록 술을 더 마신다는 말이다. 취중에 한 일을 기억하지 못하는 경우도 흔하다. 취한 사람은 자기가 취했다는 사실을 극구 부인한다.

운전 면허증 소지자가 위반 행위를 하면 면허가 정지 또는 취소되는데 가장 많은 경우가 도로 교통법에 저촉될 만큼 술에 취한 상태에서 하는 음주 운전이다. 자신은 물론 다른 사람에게도 상해를 입힐 수 있기 때문에 절대로 해서는 안 되는 행위이다. 도로 교통법에서 정한 술에 취한 상태란 혈중 알코올 농도가 0.05% 이상이며,

0.05 이상에서 0.1 미만까지는 운전 정지 처분을, 0.1 이상은 면허 취소 처분을 받는다. 주에 따라 다소 차이는 있으나 미국에서는 운전 능력을 방해하는 혈중 알코올 농도를 0.08%로 정하고, 0.01 이상이면 보호 관찰의 대상이 된다.

나는 서른 다섯의 나이에 호주에서 운전을 배웠다. 유학 시절에 매주 한 시간씩 교관의 도움을 받아 운전하면서 교통 규칙을 습득했다. 운전하는 방향이 달라 운전석이 반대쪽에 있는 곳이었다. 열 번 남짓의 교습으로 두 대의 차 사이에 주차하는 패럴렐 파킹과 비탈길에 세웠다가 출발하는 힐 스타트에 익숙해진 다음 경찰 관서의 시험을 통과했다. 귀국해서는 간단한 실기 시험을 거쳐 우리의 면허증을 취득했고, 미국으로 옮아와서는 필기 시험만 거쳐 면허증을 땄다.

요즈음 우리 나라에서는 70세가 넘은 사람들이 운전하다가 가끔 사고를 낸다. 백세 시대가 되어 노년기에 접어든 사람이 많아졌으니 면허증의 발급 방법도 개정되어야 할 것이라는 생각이 든다. 미국에서는 80세가 넘으면 면허증을 매년 갱신한다. 그때면 나는 간단한 정신 및 신체 검사를 받아 건강 상태가 전해에 비하여 크게 다르지 않다는 것을 안다.

인간의 오랜 친구

좋아하여 가까이 두고 다루거나 보며 즐기는 맛으로 애완 동물을 기른다. 애완 동물의 종류는 갖가지인데 그 중 개가 가장 많으며 미국에서는 7천7칠백만 마리의 개가 사람과 함께 산다. 동물 학대 방지 협회 ASPCA에 의하면 개 한 마리를 기르려면 먹이를 비롯하여 건강을 유지시키는 데에 매년 어림잡아 1,214달러가 든다고 한다.

만 년 전에 늑대가 가축이 된 짐승이다. 사람과 함께 한 세월 만큼 개에 얽힌 사연이 많다 보니 전하여 오는 속담도 많다. 천덕꾸러기나 미운 존재로 취급되기도 하지만 충직하고 의리를 지키며 은혜를 갚을 줄 아는 동물로 인정 받아 우리의 설화 문학에서 '의견 설화'를 따로 떼어놓을 수 있을 정도다.

집 지키기, 썰매 끌기, 사냥, 양치기, 재난 구조, 마약 탐지, 지뢰 탐지, 애완용, 군사용 등 여러 가지 용도에 쓰인다. 시각 장애인의 안내를 맡은 지는 오래이고 요즘에는 외상 후에 발생하는 스트레스 증후군의 치료에 크게 도움이 되었다는 소식도 종종 들린다. 사람과 같은 환경에서 살면서 같은 신체적 활동을 하고 나이 들면 같은 질환에 걸리기 때문에 사람의 노화를 연구하는 데에 중요한 기준이 된다. 개발된 신약의 효험을 확인하는 실험 동물로도 사용된다.

개를 기름으로써 사람의 심리적 및 사회적 건강이 증진되었다는 연구 결과는 많다. 요양소에서 노인들의 마음을 편안하게 해준다. 고혈압을 관리하거나 심혈관 질환의 발생을 감소시키는 데에 유용하며 진드기가 옮겨 노약자들에게 영향을 미치는 라임병의 파수꾼 역할도 한다. 개가 움직이는 만큼 움직여야 해서 사람도 운동을 많이 하면 수면이나 체중을 조절하는 데에 도움이 된다. 불안감을 완화시키고 사랑이나 우정을 배우게 해주며 더 나은 사람이 되는 방법을 가르쳐 주기도 하여 어린이들의 정신적 성장의 도구로 쓰인다.

개가 건강을 유지하여 제명대로 살게 하려면 그에 필요한 일들을 알고 있는 것이 좋다. 어떤 먹이가 가장 좋은가는 앞으로 더 연구해야 할 일이지만 시판되는 것 중에 건강 사료를 골라 먹이는 것이 바람직하다. 근육을 조절하고 에너지를 방출하는 운동은 개가 건강을 유지하는 중요한 방법이다. 개를 운동시키면서 사람도 따라 운동한다는 사실을 염두에 두고 운동량을 충분히 섭취하도록 해주어야 한다.

최근 10여 년 동안에 환경에서 오는 알레르기가 30%나 증가한 것으로 나타났다. 전과 달리 많은 개들이 알레르기성 질환에 걸려 비염, 천식, 두드러기, 안염 등의 증상을 보인다. 사람과 마찬가지로 개도 나이가 들면 당뇨병, 심장병, 알레르기, 비만 등의 만성 질환에 잘 걸린다. 암이 많이 발생하고 인지 능력도 현저하게 떨어진다.

매년 정기적으로 검진을 받게 해서 앞으로 발생할 수 있는 질병을 미리 알아내어 그에 적절하게 대처해야 한다. 다행히 대부분의 만성 질환은 다루기가 쉬워 특수 사료를 먹이거나 날마다 시키는 운동을 조절하면 상태가 호전되기도 한다. 수의사의 처방에 따라 약국에서 약을 지을 수도 있으며 사람의 만성 질환에 사용하는 약을 양만 달리하여 개에도 사용할 수 있다.

귓구멍에 털이 많거나 수영을 즐기는 개는 귀에 염증이 생기기 쉽기 때문에 면봉으로 귀를 정기적으로 닦아 주어야 한다. 깨무는 장난감을 알맞은 것으로 마련해 주고 칫솔로 이를 닦아 주면 치석을 제거하는 데에 드는 돈을 절약할 수 있다. 양파나 마늘은 생 것이든 요리한 것이든 분말이든 개가 먹으면 구토, 빈혈, 무기력 등의 증상을 나타낸다. 지방분이 많은 고기는 치료하기 어려운 췌장염을 유발한다. 익은 고기에 들어있는 뼈를 먹으면 창자가 막히거나 찢어지는 상처가 나는데 흔히 쓰레기통에 버린 음식을 먹어서 생긴다.

개를 구할 때는 대부분의 사람들이 그저 필요할 때 가축 병원에 데려가 쓰는 돈이면 될 거라고 생각한다. 매년 서너 번 동물 병원을 찾아 235달러 내외를 의료비로 지출하면 개의 일생 동안 소요되는 돈이 약 10,719달러에 달한다고 보고되었다. 그러나 뜻하지 않은 사고를 당하거나 치료하기 어려운 질병에 걸리기도 하여 수술이나 치료에 거액을 요하는 수도 있다. 수의학이 발전하여 여러 가지 선택지가 있지만 대개의 경우 경제적일 뿐만 아니라 감정적인 문제이기도 해서 선택하려면 많은 것을 고려해야 한다.

수명이 대개 10~15년이어서 집에 데려오는 날 개의 죽음이 예고된다. 나이 든 개일수록 흔히 어느 한 가지 질병을 치료하고 나면 바로 다른 병에 걸리기 때문에 개를 기르는 일이 결코 쉽지 않다는 것을 절감한다. 나이, 건강 상태, 그리고 앞으로 삶의 질이 어떨 것인가를 두고 결정해야 할 때가 가장 어렵다. 어떻게든 살려야 되겠다는 마음과 함께 경제적으로 감당할 수 있는 데도 보내는 것이 더 자비롭다고 생각될 때 가슴이 찢어지는 듯한 느낌을 맛보게 된다. 안락사 시점을 잡는 일이 쉽지 않다. 누구도 아주 적당한 때를 잡을 수는 없으며 너무 빠르거나 아니면 너무 늦게 마련이다. 너무 늦으면 그만큼 더 고통을 겪어야 하기 때문에 두 가지 중에 빠른 것이 낫다.

자아 비판

심리학 분야에서 가장 많이 연구된 주제 중에 하나는 인간의 자아에 대한 것이었다. 자존심과 자부심에 관한 논문이 쏟아져 나온 1980년대를 '자아의 시대'라고 부르기도 한다. Ego는 자아, 나, 자기, 자신, 자기 중심벽, 자존, 자중, 정신력 등 여러 가지로 번역된다.

자아는 대상의 세계와 구별된 인식·행위의 주체를 뜻하는 말이며, 자신에 대한 의식으로 행동을 현실에 적응시키는 정신을 일컫는다. 자아를 두 가지로 크게 나눈다면 하나는 오직 자신의 이익과 욕망에만 관심이 있을 뿐 타인에 대해서는 무관심한 자아 즉 소아이고, 다른 하나는 타인에게 진심으로 관심을 갖고 봉사하려는 소망에 바탕을 둔 참된 자아다.

나는 벼가 익으면 고개를 숙인다는 말을 들으며 자랐다. 사람다운 사람은 모름지기 겸손을 미덕으로 삼아 지위가 높을수록 몸을 낮추며, 지식이 많을수록 표면에 나타내지 않는다고 배웠다. 서양의 심리학과 문화는 높은 자존심과 자부심을 키우는 것에는 관심이 있었지만 겸손에 대해서는 별로 신경을 쓰지 않은 것으로 보인다.

자기 이미지 즉 자아상은 자신에 대한 생각의 총합이다. 자기에 대해 품고 있는, 사람으로서 갖추어야 할 모습이다. 어린 시절에 부모가 보내는 메시지를 받아들이면서 점차 형성되어, 상상을 통해 그것을 가지고 있는 것처럼 행동한다. 모든 활동, 감정, 행동, 능력 등은 자신이 만들어 낸 자기의 이미지와 항상 일치하며, 의식적인 노력이나 의지에도 불구하고 그에 반하는 행동은 할 수 없다. 자기 이미지를 어떻게 그리고, 어떻게 관리하느냐에 따라 자신의 현재와 미래가 결정된다.

어렸을 때 자기의 보호자와 건전하고 교육적인 관계를 갖지 못하면 자아상이 왜곡된다. 비틀린 자아상은 계속해서 그 사람의 삶에 영향을 미쳐 갈등과 상처를 가지고 살아가게 만든다. 열등감, 지나친 죄책감, 자기 비하나 자기 과시, 완전주의, 지나친 허영, 우울 등 갖가지 부정적 행동을 하게 된다. 과장된 자기 이미지는 마음 깊은 곳에서 느끼는 스스로에 대한 불안감과 부정적인 생각을 무의식적으로 방어할 때 생긴다.

스스로에 대한 부정적인 생각을 날카로운 통찰력으로 꿰뚫은 미국의 소설가 마크 트웨인은 "마음 깊은 곳에서 자기 자신에 대해 깊은 존경심을 느끼는 사람은 아무도 없다." 고 했다. 인간주의적 심리학자 Carl Ransom Rogers (1902~87) 는 "대부분의 사람들은 자기 자신을 경멸하며, 가치없고 사랑할 수 없는 사람으로 여긴다." 는 말을 남겼다. 둘 다 사리에 맞는 훌륭한 말이다.

사는 동안 우리는 흔히 자기의 가치나 수준을 남의 것과 비교하여 평가한다. 사물의 옳고 그름에 대하여 검토하여 평가·판정하는 것이 비판인데, 자신을 스스로 비판하는 일을 마치 머리 색깔처럼 자기의 일부로 취급하는 사람도 많다. 자기를 부정적으로 평가하는 요즘의 경향이 많은 사람을 괴롭히고 있으며, 특히 10대의 소녀들에게서 뚜렷하게 나타나는 것으로 밝혀졌다. 그런 사람들은 대부분 그것이 얼마나 해로운 짓인지를 깨닫지 못한다.

하기는 자신을 힐책하면 누구도 더 이상 자기를 해칠 수 없기 때문에 자아 비판은 자신을 보호하는 하나의 방책일 수도 있다. 그러나 어렸을 때 받은 상처 및 정서적 학대, 따돌림, 성 차별, 동성애자 혐오, 소셜미디어의 사용 등에 의하여 더 악화하기 쉬운 지나치게 부정적인 자아 비판은 자기 이미지의 형성에 혼란을 가져온다.

자아 비판이 우울증을 초래하지만 거꾸로 우울증이 지나친 자아 비판을 낳기도 한다. 상호 관계되기 때문이다. 습관이 되어 자기를 위험한 상황으로 몰아가기도 하는 자아 비판은 가라앉힐 필요가 있다. 자신을 과소 평가하고 자기를 경시하는 느낌이 들면 곧바로 그에 대처하는 것이 바람직하다.

다행히 자신에게 친절하게 말할 수 있는 방법은 여러 가지다. 가장 손쉽게 할 수 있는 일은 먼저 그런 생각이 어디서 발단되었는지를 이해하는 것이다. 자신에 대한 부정적인 생각이 어디서 왔는지를 곰곰이 살피노라면 주위의 가까운 사람들이 자기의 언행이나 상태에 대해 한 말에서 비롯되었음을 깨닫게 된다. 그래서 비판적인 생각을 떨쳐 버릴 수 있다.

자신에 대한 부정적인 생각을 하루아침에 내버리기는 쉽지 않다. 치우치지 않는 마음으로 차분하게 그 생각을 긍정적으로 바꾸는 것이 좋다. 예를 들어 자기의 머리 모양이 마음에 들지 않으면 '그런대로 괜찮은데 내가 생각을 잘못하고 있는 건 아닐까?' 하며 생각을 바꾼다.

때로는 자아 비판이 어떤 일을 일깨워 주어 도움이 되기도 한다. 친구들과 긴밀한 관계를 유지하지 못했거나 체육관에 가지 않아서 나는 화에는 자신에게 도움이 되는 중요한 정보가 들어 있다. 그런 때는 비판 자체를 곰곰히 따져서 자신의 잘못을 고치면 된다. 죽을 때까지 배우는 것이 인생이다.

장진호 전투

육이오 전쟁 중에 발발한 가장 치열했던 전투가 장진호 전투다. 함경남도 장진군 장진강 상류의 인공호 장진호는 해발 1,000~2,000미터의 개마 고원에 위치한다. 혹한 속에 호수 일대에서 1950년 11월 27일부터 미국 해병 제1사단과 중공군 제9병단 사이에 벌어진 전투였다. 장진長津의 일본어 발음이 초신이고 유엔군이 일본어로 된 지도를 사용했기 때문에 영어권에는 '초신호 전투'로 알려져 있다.

그 전투의 이야기는 수차에 걸쳐 책으로 나오기도 했는데, 2019년에 햄튼 사이드스가 새롭게 『On Desperate Ground』라는 이름의 책을 냈다. '혹한의 지옥'이라고도 부르는 생지옥 같았던 전쟁터의 얘기를 체계적이고 정밀한 자료 조사를 거친 다음 세목까지 솜씨 있게 묘사하여 워싱턴 포스트의 베스트 셀러에 들었다.

유엔군 총사령관 더글러스 맥아더 장군은 서울이 함락된 뒤부터 인천 상륙 작전을 비밀리에 준비했다. 논란도 없지 않았지만 치밀한 계획을 세워 미국 제7함대를 주축으로 261척의 함정과 유엔군 7만여 명이 9월 15일 새벽 2시에 개시한 작전이 성공적으로 끝났다. 작전의 진가는 북한군의 병참선을 일거에 차단하여 낙동강 방어선에서 반격의 계기를 마련해 주었다는 데에 있다.

적의 의표를 찌른 우회 기동 작전이 성공함으로써 인천에서 서울에 이르는 모든 병참 설비를 북진에 사용할 수 있었고, 그에 이은 수도 서울의 탈환은 국군 및 유엔군의 사기를 크게 진작한 반면 괴뢰군의 사기는 결정적으로 추락시켰다. 북진을 계속하던 중에 맥아더 장군은 김일성의 괴뢰군을 추수 감사절까지면 완전히 궤멸시킬 수 있다고 해리 트루먼 대통령에게 보고했다. 그리고 중공군이 전쟁에 개입할 가능성도 없다고 단언했다.

공산주의자들의 행투를 잘 모르던 때 저지른 실수였다고 할까. 그 새 300,000명의 중공군이 비밀리에 만주 국경을 넘기 시작하고, 미군 제1해병 사단 20,000명은 눈덮인 북한의 산악 지대로 깊숙히 전진한다. 강한 자만심을 보이는 맥아더를 잡으려고 얼어붙은 장진호 일대에 중공군이 쳐놓은 올가미에 해병대가 마침내 걸려 들고 말았던 것이다.

절대적인 수적 열세에다 탱크와 트럭 등의 각종 장비는 윤활유가 얼어붙어 사용할 수가 없었다. 포를 쏘면 얼어붙은 포신이 깨지고 말았다. 곳곳에 매복해 있던 중공군은 기습 작전이며 인해 전술을 폈다. 섭씨 영하 6도를 밑도는 추위 속에 고립되어 전멸할 위기에 처한 미국 해병의 운명은 풍전 등화와 같았다.

하지만 해병은 맹렬하고 정교하며 상상할 수 없는 용기로 버텼다. 미군의 역사상 가장 영웅적이며 최고 수준의 비참한 전투를 벌였던 것이다. 해병이 전멸하지 않을까 우려한 미군 지휘부의 "모든 장비를 버리고 병력만 항공기로 철수하라."는 명령을 받은 사단장 올리버 스미스 장군은 "해병대 역사상 그런 불명예스러운 일은 없었다."는 말로 일축했다.

악전 고투 끝에 12월 4일에는 장진호 남쪽 끝에 있는 해병 사단 사령부에 병력이 모두 집결한다. 거기서 흥남항이 있는 함흥까지 110킬로미터의 험한 산길을 걷기로 결정했다. "후퇴하느냐?"는 종군 기자의 질문에도 사단장은 "후퇴라니? 우리는 다른 방향으로 진격하고 있다."고 쏘아붙였다. 그러면서 장병들에게는 "우리 해병은 철수하는 게 아니라 후방의 적을 격멸하면서 함흥까지 가는 새로운 공격을 한다."고 일렀다.

중공군은 대규모의 병력을 추가로 투입하고 다리를 폭파하거나 장애물을 설치하여 해병의 퇴로를 막는 데에 전력을 쏟았다. 해병은 사투를 벌이며 자재를 수송기로 공수하여 끊어진 다리를 복구하면서 12월 11일 함흥에 도착했다. 수없이 많은 악조건을 무릅쓰고 장비와 부대를 유지하며 후퇴한 그 전투는 전쟁사에서 일찍이 볼 수 없었다. 사단장 Oliver P. Smith는 그 공로로 전쟁 영웅으로 선정되어 훈장을 받았다.

혹독한 추위를 배겨 내며 2주 동안 벌인 전투에서 3,000명이 넘는 연합군이 죽고 6,000여 명이 부상을 당해 모두 10,000명의 사상자가 났다. 그 중 해병의 사망자는 2,621명이었다. 중공군은 25,000명이 전사하고 15,000명이 부상을 입었다. 전투 기능을 상실한 중공군 병단은 함흥 일대에 머물며 4개월 동안 부대를 정비했다. 두만강까지 진출했던 국군 수도 사단과 제3사단은 해병이 장진호에서 전투를 벌이는 동안 큰 피해를 입지 않고 함흥으로 철수할 수 있었다.

장진호 전투를 겪은 스티븐 옴스테드 예비역 중장이 2022년 7월 92세로 타계했다. 미국 해병대 박물관에 기념비를 세웠으며, 거기에 장진을 표기하고 Chosin을 병기한 분이다. 육이오 전쟁은 잊혀진 전쟁이 아니라 잊혀진 승리라고 주장하기도 했다.

그 얼마 전에는 고 박진호 일병의 유해가 가족의 품으로 돌아왔다는 소식이 전해졌다. 1950년에 입대하여 일본에서 군사 영어 교육을 받은 다음 미군 부대에 카투사로 파견되어 인천 상륙 작전에 참가했다. 장진호 전투에 참가했다가 전사한 지 72년 만에 북한에서 출발하여 미 국방부 전쟁 포로 및 실종자 확인국이 있는 하와이를 거쳐 마지막에 서울로 돌아온 것이다.

미국 오레곤 주립 대학교에 머무는 사이 나는 워싱턴 주의 조그마한 온천 마을에서 노먼 프랭크를 만났다. 장진호 전투에 참가한 미국 해병인 그가 40년 전의 악몽을 생생하게 기억하고 있었다. 그 때 잃은 청력이 지금도 대화를 불편스럽게 한다는 말을 들었는데, 어떻게 지내는지 궁금하다.

주방의 수인

　출판사 Simon & Schuster, 뉴스 웹사이트 Huffington Post, 미국 은퇴자 협회 AARP의 대표자들이 모여 발표되지 않은 회상록을 모집해서 최우수작을 선정한 다음 발간하자고 결의했다. 응모자의 수 그리고 어디서 최우수작이 나올 것인가를 겨뤄 보자는 의도로 2016년에 세상에 널리 알렸다. 그 중 은퇴자 협회에는 한 해 남짓에 2,000여 명이 응모했다. 우열을 가리기 힘드는 상당수의 작품 중에 본햄 W. Bonham의 『Prisoner in the Kitchen』이 최우수 작품으로 뽑혔다.

　본햄은 식당에서 일한 경험으로 1973년 몬태나 주 Deer Lodge 교도소에 지원서를 제출했다. 아내의 걱정에도 불구하고 달리 살아갈 방법도 마땅찮아 그 길을 택한 것이었다. 인생과 세상을 좋고 즐거운 것으로 보는 사람이었다. 요리사로 죄수들을 돌보던 중에 어느 날 사랑과 상실에 관한 유익하고도 실제적인 놀라운 교훈을 얻었다는 회상록을 써 일약 작가가 되었다.

화이트 그라스 White Grass는 생의 대부분을 감옥에서 보낸 사람이다. 무슨 죄로 옥에 갇힌지는 확실하게 알지 못했으나 인생의 황혼기를 맞이했고, 납작코에 광대뼈가 튀어나온 갈색의 얼굴에는 깊은 주름이 잡혀 있었으며, 팔짱을 끼고 앉았으면 영락없이 인디언 부족의 추장이었다. 수감자들이나 교도원들은 그를 부드럽게 대했다. 하는 일은 주방의 쓰레기통을 비우고 깨끗하게 씻어 놓는 것이었다. 가끔 정해진 시간에 나타나지 않으면 내가 찾고는 했는데, 그런 때면 주방 뒤의 건물과 철망 울타리 사이를 왔다 갔다 하며 중얼거리기도 하고 가만히 서 있거나 먼 산을 바라보고 있었다.

추운 겨울이었다. 주방에서 일하는 다른 수인이 "코트도 걸치지 않은 화이트 그라스가 밖에 서 있기에 추우니 들어오라고 해도 말을 안 들네요." 한다. 내가 문쪽으로 가서 "화이트 그라스씨, 추워요 들어오세요!" 하고 불러도 듣지 못한 것 같기에 움츠리면서 밖으로 나가 다그쳤다. "화이트 그라스씨, 몹시 추운데 안으로 드세요!" 그제야 "그래요, 아주 춥네요." 하면서 안으로 들어왔다.

사월이던가 오월 어느 날 아침 식사를 끝낸 뒤 냉장실 안으로 들어가 보니 화이트 그라스가 쭈그리고 앉아서 상추 이파리를 뜯고 있었다. 나를 올려다 보는 눈길이 전에 없이 빛났다. 활기를 완전히 되찾은 눈빛이었던 것이다. "뭘 하세요?" 하고 묻자 상추를 보이면서 "애들 주려고요." 한다. "무슨 애들이요?" "내 애들이요. 이리 와 보세요." 하면서 부리나케 밖으로 내달렸다.

고기를 굽던 죄수에게 화이트 그라스가 말하는 애들이 도대체 누구냐고 물으니까, "며칠 전에 스컹크가 식당 뒤로 기어들어 새끼를 낳았다오." 한다. 그리고는 웃으면서 "화이트 그라스는 자기가 그것들의 아비라고 생각하는 것 같아요. 만나는 사람이면 누구에게나 나가서 보라고 한답니다." 했다. 그 사이 몇 번 화이트 그라스에게서 스컹크 냄새를 맡은 적도 있었다. "너무 가까이 가지는 마세요. 화이트 그라스는 괜찮지만 스컹크들이 당신을 보면 놀랄 수도 있어요." 하는 말을 들으면서 문간에 서서 엿보았다. 벽을 따라 친 조그마한 둥지에 상추를 넣어 주면서 "옛다, 이것 먹어라. 어멈아, 배고프지?" 한다.

아침 내내 들락날락하면서 어미가 먹을 수 있는 것보다 훨씬 많은 상추며 배추 이파리를 가져다 주는 것이었다. 흥이 나서 바삐 움직이는 모습이 흡사 착한 애들을 두어 우쭐해서 으스대는 아버지였다. 즐거워하는 모습이 보기에 좋았다. 퇴근 길에 소장 대리를 만나 스컹크 일을 아느냐고 물었더니, "잘 알아요. 망할 것들을 없애 버려야 할 것 같소." 했다.

다음 날 아침 11시 조금 못 미쳐 출근해서 차의 문을 열자 웬 울음소리가 들렸다. "어이어이, 어이어이!" 소리가 산울림 같았다. 문지기에게 "누가 저 소리를 내지요?" 하니까, "화이트 그라스요. 아침 내내 저렇게 울고 있어요." 한다. 밤에 누군가가 독약을 먹여 스컹크들을 죽여 버린 것이 분명했다. 없앤다는 말은 곧 죽인다는 말이었는데, 왜 내가 그것을 알아채지 못했는지 후회 막급이었다.

스컹크들이 죽으면 화이트 그라스도 죽을 거라고 말해 주었어야 했다. 죽은 것들을 치워 버리고 어미가 새끼들을 숲속으로 데리고 갔다고 거짓말을 해도 어린애 같은 데가 있는 화이트 그라스는 곧이 들었을 터인데, 불쌍한 화이트 그라스……. 하늘을 보며 가만히 서 있다가 가끔 손을 올려 눈물을 닦으면서 어이어이! 울기만 한다. 차마 눈뜨고 볼 수 없는 참담한 모습이었다. 어떻게 도와 주어야 할지 도대체 감이 잡히지 않았다. 질식하는 듯한 신음 소리에 저러다 아주 가 버리지 않나 걱정도 되었다.

생각다 못해 내근 경찰관을 찾았더니 교도소 목사가 오는 중이라고 한다. 한참 후에 검정 옷으로 엄숙하게 차린 목사가 도착하여 화이트 그라스 옆에 2, 3미터 떨어져 섰다. "삼가 애도를 표하오, 화이트 그라스씨!" 진정한 마음에서 우러나오는 말이었다. 목사의 동정어린 목소리에 나도 눈물이 났다. 슬픔에 젖은 늙은 인디언과 목사는 손을 잡고 시체들을 보며 오랫동안 서 있다가 오후 늦게야 식당 안으로 들었다. 화이트 그라스는 따뜻한 수프를 가져다 주어도 손도 대지 않는다. 다행히 가끔 훌쩍거리는 그에게 목사가 속삭이던가 어깨에 손을 얹어 마음을 가라앉혀 주고 있었다. 힘겨운 하루가 그렇게 갔다.

제5부

건강 정보

걷기의 이점

끼니때

내성균

뒷걸음질

만성 통증

삶에 긴요한 휴식

알츠하이머병

잊혀졌던 치료법

건강 정보

　칠십대 후반의 바버라 로버츠는 심장병 전문의로 코로나 바이러스 유행병이 기승을 부릴 때 로드아일랜드 주의 예비 의료 기관에 자원하여 수백 명에게 예방 주사를 놓아준 사람이다. 거의 같은 나이인 사촌 올케가 2023년 4월 코로나 바이러스에 감염되어 병원에서 인공 호흡기를 달고 있다는 소식을 듣고 몹시 괴로웠다. 예방 주사를 맞지 않았다는 걸 모르고 있었는데, 사촌의 말이 온라인을 뒤져 알아본 다음 자기 내외는 주사를 맞지 않기로 결정했다는 것이었다. 예방약이 위험하다는 선입견을 가지고 있던 올케가 끝내 세상을 떴다는 사실에 매우 화나면서 슬프기도 했다. 충분히 예방할 수 있었는데……. 건강에 관한 오보나 역정보가 웹사이트에 넘친다는 말을 나중에야 듣고 등골이 오싹하더란다.

　대중 매체인 라디오, TV, 신문, 잡지에 더하여 인터넷에까지 일상 생활에 필요한 여러 가지 정보가 넘쳐흐르는 세상이다. 정보란 관찰이나 측정을 통해 수집된 데이터를 실제 문제에 도움이 될 수 있도록 해석하고 정리한 지식이다. 그런데 정확하지 않거나 심지어는 사실과는 반대되는 정보가 난무한다. 휴대용 전화도 한 몫을 하여 수많은 사람이 지금 그런 정보의 홍수 속에서 산다. 위험한 정보까지 떠돌아 최근에는 살인범이 범행 전에 '살인' 또는 '시신 없는 살인' 등의 단어를 인터넷에서 집중적으로 검색한 것으로 드러나기도 했다. 무질서한 정보의 과다 현상이 정보 공해를 일으키고 있는 것이다.

각종 매체의 오보 때문에 과학에 대한 불신이 팽배해 있다. 불신을 넘어 반감을 나타내는 사람도 많다. 총기 규제, 기후 변화, 예방약의 안정성 등 중요한 문제에 대한 전문가들의 총의를 의심하는 사람이 허다하다. 코로나 위기 때는 그것이 음모라거나 속임수라고 주장하면서 공중 위생 분야의 관리들을 악의적으로 비난하는 자들도 있었다. 그들은 팬데믹에 대한 전쟁에서 과학자들이 거둔 성과를 인정하지 않으면서 예방 주사를 맞는 것도 거부한다.

많은 사람이 무슨 일이든 자기의 생각에 맞으면 믿어 버리고, 맞지 않으면 믿지 못하는 성향을 지니고 있다. 미국 사회가 당면한 문제는 대부분의 사람들이 보거나 들은 것과 진실의 차이 즉 옳고 그름이나 같고 다름을 가려서 아는 능력을 상실하여 외관과 실제의 차이를 분간하지 못하는 것이다. 그 문제는 날이 갈수록 더 커지고 있다.

의사는 환자를 진찰하여 병을 진단하고 그 진단은 경고성을 띤다. 어떤 특정한 질병에 걸렸다는 의사의 진단을 받으면 대부분의 사람들이 거의 무의식적으로 정보를 제공하는 프로그램을 찾는다. 자신의 건강 문제에 관한 지식을 얻으려고 인터넷에 의존한다. 2021년의 조사에 의하면 거의 60퍼센트의 미국인들이 인터넷을 이용하여 건강 문제에 대한 해답을 얻으려 하는 것으로 나타났다. 그리고 다섯 명 중의 네 명이 의사를 만날 약속을 한 후 건강 정보를 수집하고 있었다.

하지만 그것은 바람직한 일이 아니다. 공공 복지를 위한 광고처럼 보이는 것에 현혹될 수도 있고, 일반적으로 인정을 받지 못하는 정보에 접할 가능성도 있기 때문이다. 흔히 .org가 붙는 비영리 기관은 자신들이 연구한 것도 아닌 의제를 지지하거나 옹호하기가 일쑤이다. 최근에 나온 대화형 인공 지능의 하나인 챗봇도 믿을만한 소식통은 물론 잘 알려지지 않은 정보원에서까지 자료, 뉴스, 의견 따위를 수집하여 합성하는 경우가 있음을 참작해야 한다.

전문가들은 먼저 cdc.gov나 nih.gov 같은 정부 기관의 홈페이지에 들어가는 것이 안전하고 좋으며, 명성이 높은 의과 대학이나 전문적인 기관 (mayoclinic.org) 에서 정보를 얻으라고 권한다. 건강에 관한 어떤 연구 결과가 믿기 어려울만큼 놀라울 때는 그대로 받아들이면 안 된다. 관심을 가지고 하나하나 자세히 살펴야 할 일은 먼저 연구의 책임자가 유명한 대학교 의과 대학의 연구소에 소속된 사람인가 확인하는 것이다. 그리고 연구가 특수 치료법을 받은 그룹과 받지 않은 그룹이 비교된 무작위 대조 연구인가를 확실하게 알아야 한다. 얼마나 많은 사람이 연구의 대상이었는가도 중요하며, 대개는 수백 명 또는 수천 명이라야 한다.

연구가 자기가 가진 질병과 맞는가도 살펴야 한다. 세상에 널리 알려진 의학 잡지에 실린 연구 결과를 주로 믿는 것이 좋다. 연구 논문을 읽을 때는 연구의 목적이며 실험에서 발견된 중요한 결과가 요약되어 있는 초록을 먼저 읽는 것이 바람직하다. 실험에 기초한 연구인가도 확인한다. 비교적 신빙성이 낮은 관찰 연구의 결과는 사람을 오도할 수도 있다. 예를 들면 규칙적으로 명상하는 사람들에게서 심장병에 걸릴 확률이 낮았다는 관찰 연구의 보고가 나중에 그 사람들의 건강한 생활 양식 때문에 나타난 결과로 판명된 적도 있다.

자신의 건강에 관한 정보를 수집하는 일에서 어느 정도 이득을 얻을 수는 있으나 거기에 부정적인 측면도 있음을 잊어서는 안 된다. 특히 자기의 병을 자기가 진단하는 것은 위험하다. 증상만을 해독하는 기구를 사용하여 내린 진단은 절반만 정확했다는 보고도 있다. 나이가 들면 자연스레 병이 많아진다. 아무에게나 의지하려 들고, 별로 도움이 되지 않는 것이라도 잡고 늘어지는 경향을 보인다. 물에 빠지면 지푸라기라도 잡는다고는 하지만 중요한 일은 신중히 생각해서 결정해야 한다.

걷기의 이점

　심신의 건강에 가장 좋은 것 중의 하나가 걷기다. 몸에 무리를 가하지 않는 운동이고, 의사가 권하기만 하면 안전하면서 돈도 들지 않는 운동이다. 규칙적으로 걸으면 신체의 자잘한 이상이 없어진다. 대단치 않은 병은 예방해 줄 뿐만 아니라 치유해 주기도 한다. 알맞게 할 수 있는 운동 걷기가 믿기 어려울만큼 몸에 좋다는 것은 천만 다행한 일이라고 할 수 있다.

　삶의 질을 전반적으로 향상시키는 운동이다. 스트레스를 덜 받고 불안에 싸이지 않게 하며 우울증의 위험을 낮춘다. 기분을 상쾌하게 해주고 잠을 잘 자게 만든다. 에너지 수준을 향상시키고 인지력과 창의력을 높인다. 치매나 알츠하이머병의 위험을 낮춰 준다. 꼭 먹어야 하던 초콜릿을 15분만 걸으면 먹지 않아도 되게 만들어서 기호품에 빠질 위험에서 벗어나게 해준다는 연구 결과도 발표되었다.

　건강한 체중을 유지하게 하며 심장병과 뇌졸중의 위험이나 몇 가지 암에 걸릴 위험에서 벗어나게 해준다. 혈압과 콜레스테롤을 조절하며 제2형 당뇨병을 예방하고 관리하는 데 도움을 준다. 관절염에서 나타나는 통증과 경직을 완화하며 근육과 골격의 힘을 증가시켜 넘어지는 위험을 줄인다.

생각하고 바라보는 것이라고도 할 수 있는 걷기에는 분명 생명력을 강하게 만드는 뭔가가 있다. 걸으면 마음이 차분히 가라앉는 것을 누구나 느낄 수 있으며, 어느새 여유가 생겨 마음이 넉넉해지면서 그저 무심히 바라보던 것들을 새삼 알아차리게 되고는 한다. 기대나 희망을 가지고 앞으로의 일을 볼 수 있게 만든다.

더할 나위 없이 자연스러운 일이 걷기다. 사람이 본디 가지고 태어나는 기본적 능력이며, 사물이나 삶의 밑천이 된다. 누구나 할 수 있어서 걷는 방법을 애써 배울 필요도 없다. 일상 생활에서 습관을 조금만 바꿔도 능히 실행할 수 있으며, 활동적이지 못한 사람도 날마다 수천보만 걸으면 아주 좋은 반응이 나타나는 것을 스스로 느낄 수 있다.

한가한 기분으로 이리저리 거니는 방법을 속속들이 아는 사람이 많지 않다는 건 부조리하다. 걷기에는 인내력, 자연을 보는 눈, 익살스러운 성미, 새롭고 기이한 것을 좋아하는 취미, 사고나 감정을 자연스럽게 표현하는 능력, 고요를 즐기는 마음가짐 등이 요구된다. 덧붙여 마음대로 쓸 수 있는 자유로운 시간만 있으면 된다. 평상복에 뒷굽이 닳은 신발을 신고 집을 나서면 걷기에 알맞는 길은 어디에나 있다.

내 인생은 논길에서 시작되었다. 놀이의 한 가지이어서 사철 틈만 나면 넓은 들판을 마구 쏘다녔다. 어릴 적에 든 버릇이 등산으로 이어져 걷기가 생활의 중요한 부분이었던 때는 주말에 좋다고 알려진 산을 찾아 전국을 누볐다. 자연과 하나 되어 누렸던 행복했던 시절이 잊혀지지 않는다. 그 때를 되돌아 보노라면 마음속에 일었던 주름살 같은 잔물결까지도 말끔히 가라앉는다.

정년 퇴직하고 미국으로 옮아와 한갓지게 살고 있다. 건조한 고지 사막 지대에서 조용하고 신선한 분위기를 즐긴다. 어릴 적의 버릇, 남아 도는 시간, 운동이 필요한 나이가 나를 걷지 않고는 못 배기게 만든다. 사시 장철 아침 낮 저녁 아무 때나 집을 나서서 정해진 길을 따르기도 하고 주택가를 발길 닿는 대로 산책하기도 한다.

정기적으로 윤활유를 바꿔 주고 관례적으로 정비를 하는 자동차는 오래 탈 수 있다. 사람도 나이와 함께 육체적·정신적으로 쇠약해지기 때문에 중년이 되면 심신의 건강을 유지하기 위해 정성을 들여야 한다. 가장 쉬운 방법은 신체나 정신의 건강에 좋은 습관을 붙이는 것이다. 오랫동안 되풀이하여 규칙처럼 된 습관을 바꿔 건강을 지키기에 힘쓰고, 바뀐 습관을 고정화하는 것이 중요하다. 나이 든 사람이 가장 중요하게 여겨야 할 것은 첫째도 운동, 둘째도 운동, 셋째도 운동이다.

뇌의 건강에 유의하여 주위에 부담을 주지 않고 살다 가는 것이 바람직하다. 알맞은 옥외 산책이 두뇌의 건강에 도움이 된다는 연구 결과는 수없이 많이 발표되었다. 걷기는 혈액 순환을 원활하게 만들어 산소와 영양분을 뇌에 더 많이 공급한다. 뇌의 신경 영양 물질 분비를 증가시켜 기존의 뇌신경을 오래 지탱하게 하고, 뇌신경이 새로 생겨나는 데도 도움이 된다.

걷기는 세로토닌, 도파민, 엔도르핀 등의 좋은 느낌을 갖게하는 신경 전달 물질의 분비를 증가시켜 낭만적이고 정감 있는 분위기를 느끼게 한다. 구름 낀 날에도 걸으면 무드가 살아난다는 보고도 있다. 기억, 학습, 인지 등 모든 형태의 의식 작용의 자리인 해마회는 전형적으로 성년기말에 위축되기 시작하여 기억력을 떨어뜨리고 치매의 발생을 증가시킨다고 알려져 있는데, 유산소 운동인 걷기는 해마회의 쇠퇴를 방지한다.

자연 환경의 영향을 받는 야외 산책은 광학 흐름 optical flow 이 유발하는 코르티솔의 분비 감소로 마음을 졸이거나 몸이 굳어지는 것을 방지한다. 직사 광선 차단용 크림을 바르고 신발 끈을 맨 다음 집을 나서서 걸으면 과학이 증명하는 좋은 효과를 얼마든지 거둘 수 있다.

끼니때

  사람은 체중을 유지하고 질병을 예방하며 활기에 넘치는 삶을 살기 위하여 음식을 먹는다. 우리 모두는 먹는 것이 중요하다는 사실을 익히 안다. 음식물의 중요성을 인식하는 사람들은 양질의 식품을 섭취해야 한다고 말한다. 저녁을 먹은 다음 피자를 먹으면 살이 찐다. 자연 식품, 의약품에 유사한 식품, 전통적으로 좋다고 하는 식품 따위의 건강 식품을 먹으면 여러 가지 질병을 예방할 수 있고, 때로는 병이 치유되기도 한다.

  지금까지 우리는 무엇을 먹느냐에 주로 관심을 두었다. 어떤 것을 즐기는 데에 있어 거기에 따르는 모든 것을 이해할 필요는 없다. 그러나 음식을 이해하지 않고 마구 먹다가는 허리가 굵어지고 자주 의사를 찾게 되며 제명에 못 죽을 수도 있다. 적어도 필수 영양분 세 가지가 몸에서 어떤 역할을 하는가에 대한 기본적인 것은 알고 있는 것이 좋다.

  우리가 주로 먹는 탄수화물은 생물체를 구성하는 중요한 영양소이며, 분해되면 포도당으로 에너지를 공급한다. 곡류, 채소, 과일

등에 들어 있는 복합 탄수화물이 하얀 밀가루나 정제된 설탕에 들어 있는 단순 탄수화물보다 훨씬 더 몸에 이롭다. 탄수화물의 함량이 높은 음식을 많이 먹으면 혈당이 상승한다. 인슐린이 방출되어 혈당의 양을 줄이지만 다 소모할 수 없게 되면 당을 혈관 밖으로 내보내고, 그것을 근육이나 지방 세포가 흡수하여 비만을 유발한다.

단백질도 에너지를 공급하지만 나무·돌·콘크리트의 덩어리가 건축에 쓰이는 것처럼 몸의 세포와 결합함으로써 신체의 활동에 필요한 근육을 만든다. 셀러리부터 쇠고기에 이르기까지 우리가 먹는 모든 음식물에 단백질이 들어 있다. 그러나 동물 세포의 단백질을 구성하는 아미노산은 식물 세포의 아미노산과 많이 달라서, 몸이 필요로 하는 각종의 아미노산을 충분히 섭취하기 위해서는 식물성 식품을 주로 먹는 것이 좋다.

지방은 탄수화물의 2.25배에 달하는 에너지를 공급한다. 올리브·아보카도·견과류 등에 들어 있는 몸에 이로운 불포화 지방을 섭취해야 한다. 버터나 치즈 같은 동물성 식품에 많이 들어 있는 포화 지방은 염증·암·심장 질환·인지력의 저하 등과 상당히 연관되는 것으로 밝혀졌다.

영양분에 관한 이해는 어떤 음식이던 너무 많이 먹지 않는 것이 좋다는 사실을 알려 준다. 하루에 소비하는 양보다 적은 양의 칼로리를 섭취하는 것이 체중을 줄이는 첫걸음이다. 몸으로 하여금 당 대신에 지방을 소모하게 해주기 때문에 단순 탄수화물의 섭취를 줄이는 것이 특히 중요하다.

모든 생물의 생리 현상은 집단 또는 개체의 생태·구조·기능·활동 등에 변동을 나타내고, 그 변동은 거의가 24시간 만에 반복된다. 몸 속에 장치되어 있는 것으로 알려진 생물학적 시계가 사람의 생리 활동을 율동적이며 주기적으로 반복하게 만들면서 체온, 호르몬 분비, 신진 대사 등 중요한 기능에 주기적인 변동을 초래한다. 아울러 우리가 무엇을 해야 할 것인가도 끊임없이 알려 준다.

체내 시계라고도 부르는 그 장치는 저녁이면 체온을 낮추고 송과선에서 만드는 멜라토닌의 분비를 증가시켜 졸음이 오게 한다. 우리는 수면과 연관되는 생물학적 리듬은 자주 들어서 잘 안다. 하지만 날마다 같은 시간에 배가 고프게 하여 밥을 먹게 만드는 리듬은 잘 알려져 있지 않아서, 언제 끼니를 때울 것인가를 결정하는 데에 그 리듬을 적용하는 일은 비교적 드물다. 사람은 하루에 세끼를 먹는다. 최근의 연구 결과는 무엇을 먹느냐도 중요하지만 언제 먹느냐도 그에 못지 않게 중요하다는 사실을 역력히 증명한다.

자연적인 리듬에 맞추어 음식을 먹으면 영양분이 몸에 더 좋게 작용한다. 일하는 시간이 불규칙하거나 야간에 근무하는 사람은 아침 9시에서 저녁 5시까지 근무하는 사람에 비해 수면 문제와 함께 체중도 더 증가하는 경향을 보인다. 밥을 제때에 먹지 않으면 체중이 증가한다는 것을 나타낸다. 몸은 본디부터 하루 중 정해진 시간에 밥을 먹는 데에 맞추어져 있어서 밤늦게 먹는 것을 달갑게 여기지 않는다.

규칙적인 식사 시간을 계속해서 지키는 것이 중요하다는 것은 알지만, '언제 먹어야 하는가'에는 여태껏 생각이 미치지 않았다. 현대의 영양학자들은 먹는 방법 두 가지를 권하여 건강을 유지하라고 말한다. 한 가지는 끼니때를 해가 지기 전, 낮에 해가 하늘에 떠 있을 때에 맞추는 일이다. 해 있을 때만 먹어야 하며, 시장끼가 느껴져도 아무 때고 무엇을 먹는 건 바람직하지 않다.

다른 한 가지는 하루에 에너지를 많이 소모하는 이른 시간과 덜 소모하는 늦은 시간에 맞게 음식을 섭취하는 것이다. 현대의 바쁜 생활이 아침은 시원찮게, 저녁은 푸짐하게 먹게 만든다. 게다가 실제 밥맛은 아침에는 별로고, 저녁에가 제대로다. 그리고 몸도 하루를 마감하는 시간에 칼로리를 더 원하고 아침에는 덜 원한다. 그것을 바꾸어 아침과 점심을 저녁처럼 잘 차려 먹고, 저녁은 간단한 음식으로 때우라고 한다. 수행된 모든 연구 결과가 아침과 점심에 칼로리를 많이 섭취하면 건강의 유지에 도움이 된다는 것을 보여 준다.

내성균

 알렉산더 플레밍 (1881~1955) 은 세균학을 전공한 영국 의사였다. 포도상 구균을 연구하던 중 1928년에 항생 물질을 발견했다. 곰팡이나 세균 등의 미생물에 의하여 만들어져서 다른 세균이나 미생물의 발육과 번식을 억제하는 항생 물질을 양산하는 방법을 동료 과학자들과 함께 고안한다. 항생제 페니실린이 대량으로 제조되어 수백만의 인명을 구한 공로로 1945년에 노벨 생리 의학상을 받았다.

 항생제가 본격적으로 사용되기 시작한 것이 1940년대 초였다. 그런데 1955년에 자연계 및 인체에 널리 퍼져 있는 포도상 구균이 페니실린에 저항하기 시작한다. 환경 조건의 변화에 견딜 수 있는 생물의 성질을 내성이라고 하며 항생 물질이나 약물에 대해 강한 저항을 나타내는 세균이 내성균인데, 시드니에서 시애틀에 걸친 여러 병원에서 검출되었던 것이다.

 내성균에 대처하기 위해서 1959년에 만들어진 메티실린은 특히 페니실린에 내성을 나타내는 포도상 구균 감염증에 좋은 효과를 나타냈다. 하지만 1972년에는 그 약에도 내성을 나타내는 포도상 구균이 영국, 미국, 폴란드, 이티오피아, 인도, 월남 등 여러 나라에서 발견되었다. 그에 따라 더 강력한 항생제 반코마이신이 개발되었지만 1980년대 말에는 사람의 구강이나 장내에 항상 존재하는 장구균이 반코마이신에 내성을 보이기 시작했다. 1996년에는 포도상 구균도 반코마이신에 내성을 보이는 현상이 일본에서 발견되었고, 2000년대에는 미국에서 검출되었다.

모든 생물은 살아 남기 위해 진화한다. 세균도 예외가 아니어서 항생 물질이 안으로 들어오면 펌프질하여 밖으로 방출하거나, 물질이 본래 지니고 있는 기능을 없애거나, 물질의 목표물을 변이시키는 방법으로 회피한다. 세균의 세포질에는 염색체와는 별도로 스스로 증식할 수 있는 유전자 플라스미드가 있으며, 그것은 아주 쉽게 돌연 변이를 일으키는 특징을 가지고 있다. 항생제 저항 유전자로 변한 plasmid가 종의 경계를 넘어 이동하는 방식으로 세균의 내성이 번진다. 덩어리째 이동하는 플라스미드의 수평적 이동을 학자들은 '전염성의 유전'이라고 부른다.

미생물의 특성이 세균의 내성을 유발하는 주 원인이지만 사람이 미생물로 하여금 저항할 수 있게 만들기도 한다. 우리는 항생제를 오용하고 남용했다. 감기나 독감은 바이러스가 일으키는 질병이어서 항생제로는 치료되지 않는데도 흔히 처방을 내렸다. 적절히 처방되었을 경우에도 지시대로 사용하지 않고 복용을 중지하거나 늘여 먹으려고 약량을 반으로 나누는 일이 빈번했다. 전문가들이 예로 드는 가장 중요한 남용은 동물의 성장을 촉진하거나 질병을 막기 위하여 항생제를 목축업에 널리 사용하는 것이다. 시판되는 항생제의 80%가 식품 생산을 위한 동물의 사육에 사용되어 세균이 내성을 갖게 만드는 커다란 부화기였다고 한다.

여러 가지 항생제에 저항하는 다제 내성균 superbug까지 나타났다. 내성균 문제를 21세기에 인류가 부딪칠 가장 큰 위협의 하나로 보는 세계 보건 기구가 superbug 12종을 발표했는데 거기에는 임질이나 식중독을 유발하는 것부터 치명률이 50%에 이르는 장내 세균이 들어 있다. 미국에서만 매년 200만 명 이상이 감염되어 23,000명이 사망하는 것으로 추정한다. 오랫동안 사람을 괴롭힌 결핵균도 강한 내성을 갖추고 새롭게 문제를 일으킨다. 인류의 건강도 건강이려니와 지구촌의 경제에도 크게 영향을 미치리라는 전망이다.

내성균의 위험성이 증가하고 있음에도 불구하고 그에 대처할 수 있는 항생제의 연구·개발은 오히려 줄었다. 1920년에서 1970년 사이에는 270종의 항생제가 사용 허가를 받아 거의 모든 세균 감염을 막아 주었다. 그 이후 줄기 시작하여 지금은 50여 대형 제약 회사 중에 겨우 다섯 회사에서만 신제품을 개발하고 있다. 놀라운 신약이 치명적인 질병을 치료해 주어 사람을 건강하게 만드는 시대에 현대 의학에 결정적으로 필요한 항생제의 개발이 도외시되는 현상이다.

신제품의 개발은 밑지는 장사라는 이유에서다. 실제로 단 20분이면 수가 배로 증가해 버리는 세균을 멸살하려면 환자에게 투여하는 항생제의 양을 아주 많이 높여야 하고, 이미 증상이 심한 환자가 그 양을 견디기 힘들어서 안전도 문제가 된다. 유달리 많은 연구비를 투여하지 않을 수 없는데, 연구를 계속하고 싶어지게 만드는 유인책이 마련되지 않았다.

지난 10년 동안 전문가들이 내성균 문제를 경고했다. 미국과 영국에서는 정책적으로 제약 회사들의 기본적 연구를 지원하고 있다. 우리 나라는 2010년부터 내성균으로 발생하는 질병을 법정 전염병으로 지정하여 관리한다. 이미 가지고 있는 항생제를 보호하는 운동도 벌어지고 있다. 몇몇 즉석 요리 회사들을 따라 맥도널드도 얼마 전에 항생제를 먹여 기른 닭의 사용을 중지했다고 발표했다. 대형 병원에서도 항생제의 사용을 면밀히 검토하는 팀을 특별히 만들어 오용을 줄이고 있다.

아주 간단한 방법들이 내성균의 증가를 막는 데에 도움을 준다. 손을 자주 씻는 것은 전염병의 확산을 막는 가장 좋은 방법 중의 하나다. 무슨 병에건 당연히 항생제를 쓴다는 생각을 버려야 하고, 항생제를 복용할 때는 반드시 지시에 따라야 한다. 어떤 항생제든 특정한 균에만 작용한다. 항생제를 먹여 생산한 식품은 먹지 않아야 한다. 문제가 점점 심각해지고 있음을 느끼고 너나없이 그런 일에 의도적으로 신경 쓸 필요가 있다.

뒷걸음질

어렸을 때부터 나는 걷기를 좋아했다. 넓은 들판을 마구 쏘다니며 눈에 띄는 것이면 무엇이든 보고 만지면서 놀았다. 자연과 하나 된 내 평생 가장 행복했던 때였던 것이다. 걷기는 나중에 등산으로 이어졌다. 산은 나를 자연 속으로 깊이 끌어들여 주말이면 어김없이 배낭을 메고 집을 나섰다. 집 가까이에 있는 무등산은 내 정원이었으며, 산악회원들과 함께 설악산, 지리산, 한라산 등의 명산을 두루 누볐다.

걷기는 정년 때까지 계속되었다. 퇴직하고 미국으로 옮아와 자리 잡은 곳이 뉴멕시코 주의 앨버커키이었는데, 북동쪽에 위치한 샌디아 산맥에서 내려오는 신선한 공기에다 시골풍의 분위기가 걷기를 즐기게 해주었다. 샌디아의 수많은 오솔길 아니고도 시가지의 길이 널찍하고 왕래하는 사람도 드물어서 산책하기에 그만이었다. 마음 대로 쓸 수 있는 시간까지 많아 걷고 싶으면 아무 때나 집을 나서면 되었다.

내처 걷는 등산과는 달리 한가로운 산책은 많이 생각하고 스스로를 돌아보게 하며 자신을 알게 만들어 준다. 어느 날 문득 발을 뒤로 떼어 놓으며 걸으면 어떨까 싶은 생각이 떠올랐다. 칠십이 다 되도록 앞으로만 걸었으니 뒷걸음을 치는 것도 좋지 않을까. 무거운 짐을 지고 긴 행군을 하면 엄지발가락에 물집이 생기는 것을 방지하려고 미국 육군에서는 오래 전부터 뒷걸음질을 치게 한다는데…….

정년이 새로운 삶을 살 수 있는 기회를 줄 것으로 믿고 앞으로는 습관을 따라 하는 일을 되도록이면 줄여 여유롭고 자연스럽게 살기로 작정했다. 여생을 편안히 보내려면 이제부터 틀에서 벗어나야 한다는 생각도 들었다. 말년에 몸의 균형이 깨져 우스꽝스러운 늙은이의 모양새가 될까 걱정되어서 몸의 왼쪽을 더 많이 움직여 준다.

관행이 되어 산책 중에 잊지 않고 조금씩 뒤로 걷는다. 콘크리트 블록이 오래되어 울퉁불퉁한 보도나 사람이 많은 공원은 뒷걸음질 치기에 적당하지 않다. 누가 보면 이상하다고 하지 않을까, 뒤에 혹 뭐가 있을지 몰라 똑바로 서서 모든 감각을 동원하여 넘어지지 않도록 신경 써야 한다. 오후에 한적한 길에서의 뒷걸음질이 가장 마음 편하다.

뒷걸음질 치기는 근자에 들어 대중 매체를 통해 널리 알려지기 시작했다. 관심을 두는 사람들이 점차 많아지고 있다고 한다. 하기는 이미 오래 전부터 물리 치료사들이나 건강 관리사들은 뒷걸음질의 이점을 실제의 가치 이상으로 선전하면서 권유했다. 상상이 아니고 현실적으로 많은 이득을 볼 수 있는 운동이기 때문에 나도 잊지 않고 날마다 뒤로도 걸을 작정이다.

    나이에 상관없이 누구나 할 수 있어서 뒷걸음질이 사람들의 인기를 끈다. 앞으로 걷는 것에 비해 많은 칼로리가 소모되면서도 몸에 미치는 영향은 적다. 여러 가지 근육이 신경계의 임펄스를 받아 서로 협조하여 행하는 몸의 협동 운동을 원활하게 만들어서 넘어질 위험도가 높은 노인들에게 특히 좋다.

    근육을 골고루 사용하게 된다. 앞으로 걸을 때는 주로 발목을 사용하지만 발을 뒤로 떼어 놓으면서 걸으면 엉덩이와 무릎이 사용되어 무릎이나 허리에 가해지는 압력이 그만큼 줄어서 자잘한 통증이 예방된다. 발가락이 발뒤꿈치보다 먼저 땅바닥에 닿아 발의 힘이 강해진다. 복부, 아랫다리, 엉덩이, 허리 등의 근육을 움직이도록 만들어 넓적다리 앞면에 있는 대퇴 사두근도 강해진다.

    상처를 입거나 병을 앓은 후 회복하는 데에 도움이 되어 오래 전부터 임상 의학 및 재활 의학 분야에서 많이 이용했다. 무릎의 골관절염 환자에 적용한 연구에 의하면 뒷걸음질 치기 시작한 6주 후에 통증이 현저하게 줄어드는 것으로 나타났다. 걷기나 운동으로 발을 과도하게 사용하면 발바닥 근막에 염증이 발생하기 쉽다. 신발, 발의 구조, 길바닥의 형태에 따라서도 나타나는 근막 염증은 발뒤꿈치 통증을 초래하는데, 그것을 예방하는 효과도 인정되었다. 외상 또는 류머티즘 등의 원인으로 발생하는 요통증에도 효과를 나타낸다.

긴 시간 앉아 있으면 근육이 돌돌 말려 운동이 제한된다. 뒷걸음질은 근육의 긴장을 풀어 주어 몸의 유연성과 동작폭이 는다. 근육으로 가는 혈류를 증가시켜서 신체 활동이 개선되어 부상을 입는 위험이 감소한다. 심폐 기능도 증강되어 몸이 산소를 더 많이 흡수한다.

공간에서 신체의 위치나 운동의 변화를 감지하는 평형 감각을 개선하여 균형 잡힌 몸매를 가질 수 있게 해준다. 뒤에 있는 것을 볼 수 없어 근육, 관절, 전정 기관에 의지하여 자세를 똑바로 세워야 하기 때문에 걸음새를 좋게 만든다. 물리 치료사들은 걷는 형태나 방식을 개선하는 데에 뒷걸음질을 응용한다.

통상의 걸음은 자동적 행위이어서 거의 무의식적으로 이루어지지만 뒷걸음질은 움직임에 끊임없이 주의를 기울이면서 정신을 차리게 한다. 동작을 낱낱이 깨닫게 하며 움직이는 도중에 자연스럽게 몸을 의식하게 만든다. 오로지 어느 한 가지 일에만 정신을 집중하면 정신적인 수양에도 도움이 된다.

좋아서 시작한 운동도 오래 계속하다 보면 싫증 나게 마련이다. 권태감은 정신적인 압박감과 우울증을 유발할 수도 있다. 뒤로 걷기는 싫증 또는 게으름이 나는 느낌을 없어지게 해서 매일 하는 걷기를 지속하거나 정도를 높이는 데에 적용할 수 있는 좋은 방법이다. 아울러 생활에 필요한 실제적인 활동도 원활해진다.

만성 통증

나이 지긋한 사람은 어느 때고 어느 정도의 통증을 느끼고 있을 가능성이 높다. 허리의 통증 또는 관절염으로 오는 손가락의 통증에 시달리거나, 무릎의 통증으로 절름거리고, 당뇨나 암에서 나타나는 강한 통증을 겪고 있을 수도 있다. 거의 매일 우리가 느끼고 있지만 매우 복잡하여 아직도 원인이나 정체를 정확히 파악하기 어려운 것이 통증이다.

감각 기관의 신호로 시작되는 통증은 위험에 대한 느낌이 말초신경을 자극할 때 울리는 경보음이다. 신호가 척추를 타고 뇌의 하부에 이르면 분류되어 뇌로 보내진다. 위험에 처한 몸이 이미 간추려진 메시지들에 어떻게 반응할 것인가를 뇌가 결정함으로써 나타나는 것이 통증이다. 따라서 통증은 감각 기관이 뇌로 보내는 단순한 신호가 아니다. 그 감각은 뇌가 기억, 생각, 느낌을 포함하는 여러 가지 요인을 배경으로 해석한 다음에 나타나기 때문이다.

통증은 닥친 위험과 상처에 대해 몸을 보호하게 만들지만 몸 전체가 그 문제에 관심을 쏟게 해서 허다히 불쾌감을 유발한다. 불쾌한 통증의 경험은 기억 속에 남아 통증이 사라진 뒤에도 몸을 보호해 주는 역할을 한다. 학자들은 그래서 우리가 통증을 느끼면서 감사하는 마음을 가지는 것이 마땅하다고 말한다. 통증 자체에 감사할 수는 없을지라도 통증을 느끼게 해주는 몸의 시스템에 대해서 감사하라는 것이다.

통증과 관련하여 우리가 지금까지 저질러 온 잘못 중의 한 가지는 그것을 순전히 하나의 신체적인 감각으로 치부해 버렸다는 사실이다. 여러 가지 연구의 결과로 보아 통증에 대한 우리의 고정 관념을 바꿀 필요가 있다. 몸으로 하여금 주의를 기울여서 통증을 유발하는 원인이 무엇이든 즉시 바로잡을 수 있게 해주는 경보음인 통증은 놀랍고 훌륭하고 정교한 생물학적인 시스템의 산물이다.

다른 한 가지는 급성 통증에 효과가 있는 약은 만성 통증에도 효과를 나타낼 것으로 믿은 의료계나 일반 사회의 실수다. 어떻게든 없애면 된다는 생각에서 통증을 무턱대고 약품으로만 치료하려는 시도가 오피오이드 남용 사태를 유발하여 50~70세 성인이 사망하는 주 원인이 되는 지경이다.

몸이 상처를 입으면 사람은 통증에 과민해진다. 그것은 당연한 반응으로 예를 들어 발목을 삐면 걷기를 멈추었다가 통증이 완화됨에 따라 걷기 시작하여 정상으로 회복할 때까지 점차 늘려가게 해준다. 한데 나이가 들어감에 따라 흔히 삶의 한 부분이 되는 만성 통증은 그칠 줄 모르는 아픔, 몸의 경직, 과민증 등으로 활동을 제한한다. 미국 보건 통계 센터의 집계에 의하면 65세 이상의 노인 열 명 중에 하나가 만성 통증에 시달린다고 한다.

통풍, 근골격계의 통증, 자기 면역 질환에서 나타나는 염증성 통증, 신경의 손상이나 퇴화가 초래하는 신경성 통증, 심리적 문제와 연관되어 발생하는 통증까지 다양한 방법으로 노출되는 만성 통증이 노인들을 괴롭힌다. 육체적인 감각과 정신적인 감정이 복합된 나머지 육체의 손상을 넘어 정서적·사회적·심리적 손상까지 불러 일으키고는 한다.

지난 수십 년 동안의 통증에 관련된 뉴스는 실망스러웠다고 해도 과언이 아니다. 하지만 그 분야의 연구자들이 꾸준히 노력하여 통증을 이해할 수 있는 새로운 방법을 알아내고 그에 따르는 새로운 치료법도 개발했다는 소식이다. 약품을 사용하지 않는 강력한 요법까지 개발함으로써 환자들에게 큰 도움을 줄 수 있을 것으로 보인다.

『통증 - 아무도 원치 않는 선물』(1993) 이라는 책을 펴낸 의사 폴 윌슨 브랜드 (1914~2003) 는 삶을 정상적으로 영위하기 위하여 건강한 신체 조직을 보존하는 데에 통증이 필수적이라고 역설한다. 인종에 따라 통증을 느끼고 참는 능력에 차이가 있음을 발견하고 연구했던 바 통증에 대해 갖고 있는 마음의 자세가 실제로 통증이 닥쳐올 때 받게 되는 고통의 크기에 강력한 영향을 미치는 것으로 밝혀졌다. 공포감, 죄책감, 고독감, 무력감 등은 통증을 증폭시키는 마음의 반응들이다. 신체적 통증의 목적을 이해하면 통증이 주는 고통을 줄일 수 있다.

통증의 치료는 가능한 한 증상을 완화하여 삶의 질을 높이고 정상적으로 활동하는 데에 목표를 두어야 한다. 약품만으로 치료하는 것은 거의 불가능하다. 지금까지 사용되어 온 것들은 향정신성 의약품일 뿐만 아니라 오히려 증상을 악화시켰다. 전문가들은 수술 같은 침해성 요법 이전에 환자 스스로가 통증을 관리하는 법을 제시한다.

치료에 도움이 되는 몇 가지를 요약하자면 먼저 불안감이나 우울증을 치료한다. 어떤 우울증 치료제는 통증의 치료에도 효과를 보여 일거 양득할 수 있음을 나타낸다. 수면 부족을 바로잡는다. 통증을 느끼면 무시하지 말고 그대로 인정하면서 '이 정도의 통증은 해롭지 않으니 잘 살피면서 시험해 보자.'고 다짐한다. 자연물을 응용하는 물리 치료도 큰 효과를 보인다. 운동 전문가들의 도움을 받거나 마음챙김 요가를 수련한다.

마음속으로 다음과 같이 말하는 것도 도움이 된다. '아직도 아프네.' 대신에 '아프지만 이건 내가 살아 있다는 거지.' '내 몸이 뭔가 잘못됐지.'가 아니라 '통증은 나를 보호해 주지만 어떤 때는 몸이 과민하게 반응할 수도 있지.' '오늘도 힘들겠구나.' 대신에 '오늘은 좋아지겠지.' '내 몸이 원래 약해.'가 아니라 '내몸은 생각보다 강해.'

삶에 긴요한 휴식

삶에서 가장 필요한 것 중의 하나가 휴식이다. 사람은 육체적으로나 정신적으로 편안하고 고요한 상태를 유지하려고 휴식을 취한다. 휴식할 때 몸에서 일어나는 변화를 요약해 보면 호흡 및 심장 박동이 느려지고, 혈압이 내리며, 소화력이 좋아지고, 통증도 어느 정도 누그러진다. 휴식의 좋은 점은 아무리 강조해도 지나치지 않는다.

그저 숨가쁘게 돌아가는 세상이다. 실생활에 편리한 기구나 기계들이 쏟아져 나와 오히려 사람에게 나쁜 영향을 끼치는 현상이 나타난다. 2020~21년에 미국 내 373개 대학의 학생 35만 명을 대상으로 진행된 조사에 따르면 60%가 넘는 학생이 한 가지 이상의 정신 건강 문제를 가지고 있는 것으로 밝혀졌다. 한 여론 조사 업체는 10대의 46%가 거의 지속적으로 온라인에 접속하고 있다는 사실을 2022년에 발표했다.

우리 나라에서는 10대의 자살률이 2015년까지 줄다가 다시 늘고 있다. 자살률의 증가는, 교육부가 초등 학교에서 고등 학교까지 모든 학생을 대상으로 정서와 행동 특성을 검사하여 심리적이나 정서적으로 어려움을 겪는 아동들을 파악한 다음 도와 주는 사업을 추진하다가 그만두어 버린 때와 맞아떨어진다.

미국 위스콘신 주의 로렌스 대학에서는 'Doing Nothing'이라는 교양 과목 강의가 학생들의 큰 인기를 끌고 있다. 정신 건강에 도움이 되고 온라인에 의존하는 것을 줄이려는 목적에서 콘스턴스 캐서 C. Kassor 교수가 2022년 가을에 개설한 강의의 수강률이 아주 높다고 한다. '아무 것도 하지 않는 법'이라는 이름과는 달리 심리학이나 무용 등 다양한 전공의 교수들이 번갈아 맡아 명상, 충분한 수면을 취하는 법, 걷기, 태극권 따위를 통해 외부와의 연결을 끊고 심리적 안정을 취하는 기법을 숙달시킨다.

충청남도 교육청에서는 2018년부터 행복한 학교를 조성하기 위하여 도내 30개 학교를 선정해 '행복 공간 조성 사업'을 추진하고 있다. 경쟁적 교육을 지양하고 학교에 쉼이 있는 공간을 만들려는 목적으로 학생이 주도적으로 참여함으로써 배움의 공간을 민주적으로 설계하여 이용하게 하는 사업이라고 한다. 유치원과 초등 학교에는 놀이와 쉼 공간을, 중등 학교에는 생활과 연계되는 쉼 공간을 만든다.

옛날부터 많은 사람들이 휴식의 중요성을 강조했다. 얼마 전 미국 워싱턴대의 마커스 라이클 M. Raichle 교수는 아무 생각도 하지 않을 때 활성화되는 뇌의 부위를 발견하여 Default mode network라고 명명했다. 아무 것도 하지 않을 때 뇌가 재빨리 돌아가는 기본 모드이다. 뇌의 여러 부분에 걸치는 그 회로망은 쉬고 있을 때만 작동하는 것이 특징이며, 평소에는 서로 연결되지 못하는 뇌의 각 부위를 연결하여 창의적인 생각이나 통찰력을 갖게 만들어 준다. 그 회로망이 창의력, 집중력, 기억력, 공감, 정서적 판단, 정신 건강 등과 관련된다는 것이 후속 연구에서 입증되었다.

휴식은 일의 도중에 잠깐 쉬는 것이며 깨어 있는 상태에서 눈을 감고 조용히 쉬는 것이다. 피로를 풀려고 안락 의자에 앉아서 쉰다. 회사가 쉬는 날에도 쉬지만 결근하여 쉬기도 한다. 잠을 잘 잤는가를 밤 새 잘 쉬었니? 하고 묻는다. 어디 다른 곳에 머무르는 것을 잠시 쉰다고 표현한다. 피로를 푸는 것부터 산책, 대화, 취미 활동 등을 통해 정신적 만족감을 얻는 모든 순간이 휴식이다.

쉬어야 일에 능률이 오른다는 사실은 과학적으로 증명되어서, 휴식은 더 많은 성취를 위해 필요한 요소임이 분명해졌다. 쉽게 휴식을 취하려면 먼저 어떤 것에 스트레스를 받고 있는가? 스트레스를 받을 만큼 중요한 일인가? 스스로 깨달아야 한다. 그런 다음 생각을 정리하거나 심호흡을 한다. 여러 가지 활동을 하거나 잠을 자 스트레스를 풀기도 한다. 사람들은 흔히 시간이 없다고 불평하지만 그것은 시간을 자기 마음대로 쓰지 못한다는 뜻이다. 쉬는 시간이 주어질 때가 아니라 자기 뜻대로 시간을 정하여 쉬고 싶을 때 쉬어야 하는데…….

적절한 휴식은 뇌의 효율을 높인다. 더 좋은 성과를 위해서도 쉬어야 한다. 쉬는 방법은 여러 가지이지만, 자연 속으로 들어가는 것이 가장 좋다. 자연의 소리를 듣거나 자연의 풍경이 담긴 사진만 봐도 효과가 있다. 몰입할 수 있는 취미를 찾아 거기서 즐거움을 찾고 즐기면 더할 나위 없이 좋다. 무슨 일에 몰입하다가 멈추고 잠시 머리를 식히기 위해 샤워를 하거나 산책하다가 불현듯 기막힌 방법이 생각나는 경우도 있다. 휴식을 모르는 사람은 제동 장치가 없는 자동차와 같다. 쉬지 않고 일에만 파묻히면 판단력을 잃는다.

어떤 일을 하다가 정신을 다른 데로 돌리는 짬을 낼 줄 알아 하루에 단 몇 분이라도 마음을 위해 쓸 시간을 떼어놓는다. 그래서 지긋이 눈을 감고 고르고 깊게 숨을 쉬면서 정신을 호흡에 집중한다. 꾸준히 수행하면 크게 도움이 되어 도처에서 수많은 사람들이 수행하고 있다. 어렵지도 않고 장비를 갖출 필요도 없어서 마음만 먹으면 언제 어디서고 수련이 가능하다. 현대 실존주의의 선구자 파스칼은 '인간의 모든 불행은 단 한 가지, 고요한 방에 들어앉아 휴식할 줄 모른다는 데서 비롯한다.'고 했다.

알츠하이머병

과일, 야채, 정백되지 않은 곡물, 살코기, 생선 등이 주가 되는 균형 식단은 여러 가지로 몸에 좋으며 특히 뇌의 건강에 이롭다. 뇌는 몸이 사용하는 전체 에너지의 25%를 쓰는 가장 바쁜 기관이다. 신체의 모든 활동을 관장하는 뇌의 양육은 인지 능력의 저하나 노화를 늦춰 노년기를 알차게 보내는 데에 큰 도움이 된다.

혈관의 질환이나 알코올 중독 등 다양한 원인에 의하여 발생하는 치매는 기억력의 쇠퇴나 소통 및 사고 능력의 장애이며, 나이나 잠복성 질환 또는 뇌질병에서 발현되는 증상이다. 노인성 치매라고도 부르는 알츠하이머병은 치매 중에서도 가장 흔하면서 가장 흉악한 병이다.

나이에 상관없이 발병하지만 나이를 먹을수록 걸릴 위험도가 증가하며, 유전적 변이로 발생하고, 걸렸다가 회복된 사람이 단 한 명도 없어서 공포의 대상이다. 오랫동안 연구했으나 치료약을 개발할 수가 없어 업계에 깊은 실망을 준다. 환자수는 점차 증가하는 추세인데도 그저 병의 진행을 늦추거나 증상을 완화하는 데에 도움이 되는 127개의 약품들만 시험을 거치는 중이라고 한다.

　잔인하고 참담한 결과를 초래하는 질병이다. 정신 기능을 빼앗아 감으로써 기억은 물론 독립성을 잃게 만들며, 일상 생활을 영위하는 기본적인 능력을 무질러 버려 인간의 위엄마저 앗아 간다. 언어 장애와 함께 시간이나 공간에 관한 인식 능력을 상실시킨다. '나를 잃는 질환'이라고도 하고 '차라리 암에 걸렸으면 좋았을 것을' 하는 병이다. 사회 문제를 많이 일으켜 언론도 보도에 비중을 둔다.

　건강 관련 예산을 마구 먹어 치우면서 환자 및 그 가족이 평생 모은 돈까지 말려 가장 비싼 질환으로 알려졌다. 근래의 조사에 의하면 알츠하이머병 환자들을 돌보는 데에 드는 돈이 암 환자들의 치료에 드는 돈보다 더 많은 것으로 나타났다. 환자들은 수년 동안 어떤 형태로든 도움을 받아야만 한다. 그 도움은 환자와 가까운 사람들의 몫인대, 돌보는 이들의 약 절반이 65세 이상이며 대부분이 심한 신체적, 경제적, 정신적 부담에 시달린다고 알려져 그들을 돕는 방법이 모색되어야 한다는 목소리가 점차 높아지고 있다.

　치료는 말할 것도 없고 예방도 불가능하기 때문에 알츠하이머병은 의학 분야에서 내리는 가장 무서운 진단 중의 하나다. 그러나 다행히도 최근의 연구는 꼭 그렇지만도 않다는 것을 암시한다. 수백 건의 연구 결과를 분석한 뒤 발표된 새로운 보고서에 의하면 진단된 병례의 약 반이 몇 가지 생활 양식을 바꿈으로써 발생을 늦추거나 예방할 수 있다고 한다.

뇌는 여러 가지 상이한 기능을 가지고 있어서 평소에 기민하게 만들어 그 기능들을 발휘할 수 있게 해주어야 한다. 가장 좋은 방법은 많은 사람을 사귀면서 여러 가지 문제를 놓고 대화하는 것이다. 새롭고 다양한 경험이 뇌의 활성을 지탱해 주기 때문에 사회생활을 건강하고 다양하게 영위하는 것이 도움이 된다.

신체의 건강을 유지하려고 노력한다. 규칙적인 운동은 치매의 위험을 30%나 감소시킨다. 어떤 운동이든 자기가 즐길 수 있는 것을 골라 날마다 조금씩 시간을 들여 해줌으로써 가능하다. 단 한 번의 두부 손상이라도 인지 능력을 저하시킨다는 연구의 결과는 자전거 타기나 타인과 접촉을 요하는 운동을 할 때는 반드시 헬멧을 착용하여 두부의 손상을 막아야 한다는 것을 일러 준다.

정신의 건강에도 유념해야 한다. 우울증은 치매의 위험성을 증가시킨다. 우울증을 치료하면 치매의 위험도가 현저하게 저하된다는 사실이 2022년의 연구 결과에서 밝혀졌다. 수면 전문가들은 나이 든 사람이 흔히 수면 부족에 시달린다고 한다. 계획을 세워 놓고 수면을 충분히 취하는 것이 바람직하다. 근래에 증가한 심리적 스트레스를 되도록이면 덜 받도록 주의해야 한다.

의사의 지시를 철저하게 따른다. 정기적인 신체 검사에서 발견되는 높은 콜레스테롤치, 고혈압, 당뇨병, 비만 등이 모두 치매의 위험도와 연관된다. 영양가 높은 음식을 섭취하면서 처방된 약품을 지속적으로 사용한다. 나이가 들면 검사를 통하여 자기의 인지 능력의 기본선을 알아야 하고, 걱정되는 증상을 알아차리는 방법도 익혀야 한다. 조금이라도 걱정되면 바로 의사와 상의한다.

담배는 끊고 술은 줄여야 한다. 흡연은 치매의 위험성을 40%나 높이며, 담배를 끊기만 해도 위험도가 크게 낮아지는 것으로 밝혀졌다. 술에서도 마찬가지 경향을 보여 과음하지 않는 것이 좋다. 술을 적게 마실수록 뇌의 건강에 도움이 된다.

청각 및 시각 장애는 치매와 연관되기 때문에 감각 능력을 유지하는 데에 힘써야 한다. 음악을 감상할 때 볼륨을 낮추는 것 같은 예방법을 지켜도 감각 장애는 나이들면 피할 수 없는 것이니 문제가 생기면 치료 받기를 늦추어서는 안 된다. 보청기를 착용하거나 백내장 치료 등은 인지 능력의 저하를 늦추는 데에 효과적이다.

심신의 건강은 건전한 생활 습관을 들임으로써 지켜진다. 특히 뇌에 도움이 되는 습관을 들이는 것이 중요하다. 나이 든 뒤에라도 좋은 습관을 들이면 도움이 되기 때문에 전문가들은 우리 모두 스스로가 할 수 있는 방법을 찾아 실행하자고 역설한다. 뇌의 건강을 위해서나 치매의 위험도를 낮추기 위해서 할 수 있는 일은 많다.

잊혀졌던 치료법

박테리오파지 bacteriophage 는 세균에 감염하여 균체를 액화시켜서 증식하는 바이러스를 총괄하여 일컫는 단어다. 세균을 먹는다는 뜻인데, 핵산과 소수의 효소를 단백질로 된 껍질이 싸고 있는 아주 간단한 구조인 그 바이러스는 DNA를 세균 안으로 집어넣어 신속하게 증식시킴으로써 세균이 부풀어 터져 죽게 만든다. 영국의 터트 Frederick Twort 가 1915년에, 프랑스의 디헬렐 Felix d'Herelle 이 1917년에 발견한 바이러스다. 특정의 세균종에만 감염하며, 세균바이러스 또는 파지라고도 부른다. 그리스어에서 차용한 조어 요소 -phage는 먹다 또는 먹어 치우다는 뜻을 가지고 있다.

파지는 세균과 맞서 싸우는 자연의 독특한 전사로 지구상에 두루 퍼져 있으며, 1920년대와 30년대에 세계 여러 나라에서 감염성 질환을 치료하는 데에 사용되었다. 하지만 파지 요법은 당시 의료계의 분열을 초래하였고, 파지의 발견 자체부터 치료 우선 순위, 극심한 이기주의, 정치적인 이해 관계 등으로 외로운 처지가 되었다.

치료 효과도 뚜렷하지 않은데다 특정한 세균에만 작용한다는 중요한 사실도 미처 인식하지 못했던 터였다. 게다가 1940년대와 50년대에 항생제가 대량으로 생산되자 대부분의 의사들이 파지 요법 대신 항생제 요법을 사용했다. 그런 대로 동구권에서는 계속해서 사용되었지만 서방에서는 유행에 뒤지고 안전하지 못한 얼치기 치료법으로 치부되고 말았던 것이다.

지난 10여 년 동안 의료계의 학자들이 항생 물질이나 약물에 대해 강한 저항을 나타내는 내성균 문제를 경고했다. 심각한 감염증에 대처할 수 있는 새로운 항생제가 개발되지 않는데다가 개발되어도 1년 이내에 세균이 내성을 가져 버리는 사태가 벌어지고 있었기 때문이다. 전문가들은 조그마한 상처나 하찮은 귀의 염증이 치명상으로 변할 날이 멀지 않았다고 예상한다. 경제학자들은 2050년이 되면 매년 천만 명이 약물에 저항하는 세균 감염으로 사망할 것이라고 걱정한다.

코앞에 닥친 위험을 인식한 의사들이 얼마 전부터 파지 요법에 관심을 가지기 시작했다. 온갖 항생제를 다 써도 효과가 없어 마지막 수단으로 100년 전의 그 치료법을 새롭게 고쳐서 적용한 것이다. 패터슨 T. Patterson 과 스트라스디 S. Strathdee 내외는 두 사람이 다 의사로서 캘리포니아 대학의 교수다. 정신 의학 교수인 패터슨이 내성균에 감염되어 의식을 잃고 사경을 헤매기 시작하자 전염병학 교수인 아내 스트라스디가 최후의 수단으로 주치의에게 실험적 파지 요법의 적용을 제의했다. 그 치료가 효과를 나타낸다는 확신은 없었지만 별 뾰족한 수도 없어 주치의가 동의했다.

미국 식품 의약품국의 허가를 받아 2016년 3월 15일에 파지액을 주사하고 이틀 뒤에 다시 주사했다. 놀랍게도 패터슨은 두 번째 주사를 맞은 3일 후에 혼수 상태에서 깨어났다. 파지 요법이 부활하는 신호탄이었다고 볼 수 있다. 입원한지 9개월 만에 완전히 회복되어 일자리로 돌아온 그는 아직 전보다는 약하지만 살아났다는 사실이 아주 놀라운 선물을 받은 느낌을 주었다고 한다.

패터슨의 성공 스토리가 2017년 봄에 공개된 이후 그의 치료에 임했던 의사들이 내성균 감염으로 고통 받는 수많은 환자의 보호자들로부터 매주 전자 메일을 받고 있다. 스트라스디 내외는 자신들의 경험을 책 『The Perfect Predator』으로 펴내 '사랑, 다시 일어서는 힘, 과학의 새로운 발견, 과학의 미래가 되기에 충분한 놀라운 이야기' 라는 서평을 받았다.

항생제에 비하여 파지는 몇 가지 이점을 가지고 있다. 토양, 사람의 창자, 생활 하수, 헛간의 쓰레기, 해군 함선의 하수에 이르기까지 모든 곳에 존재하는 파지는 무한정하다. 샤워 꼭지나 칫솔에 접착제 아교처럼 붙어 있는 것이 최근에 발견되기도 했다. 인체 내의 이로운 세균은 그대로 두고 특정의 세균만 공격한다. 경우에 따라서는 내성균 감염이라는 진단이 내려진지 48시간 이내에 파지액을 만들어 주사할 수도 있다.

전문가들은 독특한 장점을 가진 파지 요법이 머지 않아 식품 의약품국의 인가를 얻어 널리 적용될 수 있기를 바란다. 일단 인가되면 증가하는 내성균 감염에 강력한 대항 수단이 될 것으로 믿는다. 그러나 보통의 감염증에는 항생제의 사용이 더 간편하고 쉽기 때문에 항생제 요법을 송두리째 대신하지는 않을 것이라고 말한다.

파지 요법을 적용해 본 의사들은 그 요법이 실험적인 마지막 선택지가 아니라 표준 요법으로 채택되려면 할 일이 많이 남아 있다는 말로 신중을 기한다. 패터슨을 치료한 진료팀이 그 뒤 세 사람에게 파지 요법을 시행했는데 두 사람에게서만 효과를 보였다. 새로운 환자에게 적용할 때마다 사망하는 환자가 생기는 바람에 마음을 놓을 수가 없는 것이다.

오랫동안 잊혀졌던 치료법이 많은 사람들로부터 다시 주목을 받고 있지만 절대적으로 믿고 사용할 단계는 아직 아닌 성싶다. 아직도 몇 단계를 거쳐야 한다. 수많은 파지 중에서 감염된 세균과 딱 들어맞는 파지를 찾는 데에는 시간이 걸린다. 많은 임상 실험을 통해 파지 요법이 치료 반응을 나타내는 기본적인 기제를 확실히 이해하여 한 환자에서의 성공이 다른 여러 환자에게서 모두 그대로 재현될 수 있어야 한다. 캘리포니아 대학, 텍사스 A/M 대학교 그리고 몇몇 생명 공학 회사들이 선봉에 서서 파지 요법의 효능에 대한 임상 실험을 실시하고 있다. 관여하는 학자들에게 신의 가호가 있기를 빈다.

제6부

1963년
나이 들어 좋은 것들
반거충이
시간 활용
이미 써먹은 말
일과
적소
제3의 눈
한 조각의 천

1963년

워싱턴 광장에 모인 25만 명의 군중에게 1963년 8월 28일 행한 마틴 루터 킹 박사의 연설 '나에게는 꿈이 있습니다.' 는 두고두고 사람의 심금을 울린다. 그는 비폭력주의의 입장에서 대중적인 직접 행동을 통한 흑인 차별 철폐 운동을 주도하다가 테네시 주 멤피스에서 암살되었다. 당시에 그를 돕던 사람들은 나이가 많이 든 지금도 그를 비폭력의 전사로 칭송하고 있다.

그 연설의 자리에 그 날을 추모하려고 수많은 사람들이 모여 며칠 동안 60주년 기념식을 열고 있다. 그런데 8월 26일에 플로리다 주의 잭슨빌에서 20대의 백인이 자동 소총으로 흑인 세 사람을 살해하는 사건이 일어난다. 현지의 경찰은 범인의 행적에서 그가 흑인을 싫어한 증거가 발견되었다고 한다.

뉴스를 시청하는 동안 나도 모르는 사이에 내가 60년 전을 회상하고 있었다. 1963년은 참으로 많은 일을 겪은 해였다. 대학을 졸업하면 먼저 병역 의무부터 마치자고 작정했던 터에 운이 좋아 1월 초의 육군 통역 장교 시험에 합격했다. 수의학과의 4년 결산은 2월 초에 실시되는 수의사 국가 고시가 결정하는데, 크게 신경 쓸 일은 아니었다.

졸업은 16년에 걸친 학생 신분을 잃는 계기로, 아주 큰 변화를 겪는 느낌이 들었다. 아무 걱정없이 공부만 하면 되던 세월이 참으로 좋았다. 2월 하순에 졸업장을 받고는 어떤 신분증을 가지고 앞날을 살 것인지를 생각하지 않을 수 없었다. 그러나 정신을 집중하여 노력하면 이루어지지 않는 일이 없다는 가르침을 믿고 바로 눈앞에 닥치는 일에만 온 정신을 쏟는 버릇이 들어 미리 결정할 필요는 없었다.

봄의 막바지 5월 말에 논산 훈련소에 입대했다. 완전히 딴 세상이었다. 머리카락이 말끔히 밀려나간 내 모습이 한 동안 하나의 훈련병으로 살라고 일러 주었다. 훈련소의 전반기와 후반기를 신병들 틈에 끼어 겪으면서 기초 훈련과 함께 이루 다 셀 수 없이 많은 기합을 받았다. 장교를 만들기 위해서 필요한 과정이었으며, 사병의 어려움을 겪어볼 수 있는 좋은 기회였다.

훈련을 마친 뒤 경상북도 영천에 있는 육군 부관 학교로 이송되었다. 논산에서 일반병들과 섞여 누가 누군지 모를 때와는 판이한 분위기였으며, 사관 후보생 과정이라 훨씬 더 정신을 똑바로 차려야 했다. 규율은 더 엄격해지고 훈련은 가중되었다. 낮에는 여덟 시간의 군사 영어 교육을 받고 밤에는 기합을 받았다. 기합도 훈련의 중요한 한 부분이라는 느낌이 들었다.

입대한지 여섯 달 후인 11월에 소위로 임관되었다. 그 동안 아주 다양한 일들을 배우고 경험했다. 군대 아니면 어디서 그런 일들을 직접 체험할 것인가. 배치된 부대를 찾아가 신고하기 전에 며칠 동안 쉬게 해주어 여기저기 인사하러 다니면서는 미국 제35대 대통령 케네디가 텍사스 주 댈러스에서 암살되었다는 소식을 들었다.

배치된 부대는 강원도에 위치한 최전방 사단이었다. 자리를 잡고 임무를 수행하는 데에 필요한 일들을 익히느라 정신없이 시간을 보내다가 12월 중순에 '부친 사망'이라고 쓰인 전보를 받았다. 여러 곳을 거친 탓인지 아니면 거리가 멀리 떨어진 탓인지 한참 늦게 날아든 전보였다. 위암으로 고생하시는 모습을 뵙기는 했지만 회갑도 전에 그렇게 갑작스럽게 떠나실 것이라고는 생각도 못했다.

집에 도착해 보니 삼우제도 지난 다음이었다. 첫 월급을 타서 부친 돈이 고스란히 장롱에 들어 있었다. 허황하고 터무니없어 참으로 부지하기 힘들었다. 하늘보다 높고 바다보다 넓은 것이 어버이의 사랑이어서 돌아가실 때까지 공경해도 은혜를 다 갚을 수 없다고 하는데……. 장차 쓸 일이 없어도 배워 두면 좋을 거라 하시며 집안에서는 물론 논밭으로 데리고 다니면서 자잘한 일들을 가르쳐주시던 모습이 선히 떠오르기도 했다.

동양의 사상은 인간의 덕목인 인을 의나 예보다 더 핵심적 위치에 둔다. 인은 모든 인간이 인간다운 존재를 유지하기 위해서 마땅히 지향해야 하는 가치이기 때문이다. 그리고 효는 인을 행하는 기본으로 중시되어 모든 행위의 근본이다. 평소의 내 행동이나 타계하신 뒤 내게 닥친 정황으로 미루어 보아 불효자의 전형이라는 느낌을 도저히 떨쳐 버릴 수가 없었다.

　이주민의 나라 미국에서 사회 문제를 일으키는 살인 사건이 계속해서 발생한다. 60년이 지난 지금도 별반 달라진 것이 없다. 2015년 6월에는 사우스케롤라이나 주에서 21세의 백인이 난사한 총탄에 담임 목사를 비롯한 9명의 아프리카계 미국인들이 교회에서 목숨을 잃었다.

　그리고 2018년 가을에는 버락 오바마, 힐러리 클린턴, 민주당과 유선 뉴스 방송망 CNN의 고위급 인사 등 트럼프 대통령의 적이라고 생각되는 사람들 16명에게 쇠파이프 폭탄이 배달되었다. 그 며칠 뒤에는 켄터키 주에서 흑인 교회로 들어가려다가 실패한 백인이 식품점 안에서 흑인 두 사람을 살해했다. 이어서 펜실베이니아 주에서도 백인에 의해 11명의 유태인들이 회당에서 참혹하게 피살당했다. 한 주 동안에 13명의 무고한 사람들이 희생되었던 것이다. 주로 뉴욕, 로스앤젤레스, 필라델피아 등의 대도시에서 혐오 범죄가 발생한다. 피부색, 모발, 성, 출생지, 종교 등이 달라 범죄의 대상이 된다는 것은 끔찍한 일이다. 뿌리 깊은 반유태주의나 백인 지상주의는 언제 없어질까.

나이 들어 좋은 것들

    심리적 및 신체적 긴장 상태를 스트레스라고 하며, 적응하기 어려운 환경에 처하여 변화의 대응에 필요한 적절한 자원을 갖추지 못했을 때 받는다. 공포나 고통 등 생물체의 정상적인 생리 평형을 방해하는 압박이다. 상태가 장기적으로 지속되면 심장병, 위궤양, 고혈압 등의 신체적 질환을 일으키기도 하고 불면증, 노이로제, 우울증 등의 심리적 부적응 상태가 나타나기도 한다. 살아가면서 받지 않을 수가 없는 것이 스트레스이며 그것을 유발하는 자극, 행위, 사건들은 나이에 따라 달라지지만 그에 대하여 느끼는 갑작스러운 생리적 및 감정적 반응은 대부분이 똑같다.

    여섯 살 먹은 어린이도 유아원에 가는 첫날에 스트레스를 받는다. 살다 보면 생각조차 못 했던 크고 작은 일에 부딪친다. 교통체증에 맞닥뜨리고, 심하게는 삶을 바꿔 버리는 이혼이나 사랑하는 사람과의 사별을 겪는다. 스트레스를 받으면 몸에서는 아드레날린의 분비가 증가되어 심박동수나 호흡수가 증가하고 혈압이 높아지며 근육도 수축한다. 그와 함께 스트레스 호르몬이라고 불리는 코르티솔의 분비가 증가하여 위험한 상황에 몸이 대응하도록 만든다.

해결하기 어려운 문제에 부닥치면 큰 신체적 또는 심리적 방어 반응이 나타나는 급성 스트레스에 빠지지만 일단 위험이 사라지면 빨리 회복할 수 있다. 반면에 만성 스트레스는 좀처럼 몸이 정상으로 회복할 기회를 주지 않아 견디기 힘들다. 치매를 일으킬 위험도를 높이며, 면역 계통에도 장애를 일으켜 한 달 동안 노출되면 감기에 걸릴 위험도가 150%나 증가한다는 연구 보고도 있다.

나이가 들면 흔히 질병, 경제적 불안정, 돌봐줄 사람이 필요해지는 등 수년 심지어는 수십 년에 걸치는 지속적인 어려움에 봉착한다. 몸은 스트레스에 더 강하게 반응하여 건강에 미치는 독성이 강해지고, 일단 유발되면 몸이 이전의 상태로 되돌아가는 데에 시간이 훨씬 더 걸린다. 동맥이 굳어져 신축성이 떨어져서 혈류의 흐름을 방해하기 때문에 스트레스를 받는 노인에게서 뇌졸중이나 심장마비가 더 많이 나타난다.

지난 몇 년 동안 지구촌의 사람들이 느끼는 심리적 스트레스가 극적으로 증가했다. 팽배한 물질주의와 심한 경쟁은 이미 일어났었다. 거기에 수년 동안 지속된 유행병, 사회적 불안, 정치적 불안정, 환경 및 경제적인 혼란을 초래하는 기후의 변화까지 한꺼번에 발생하여 사람들을 정신 못 차리게 만들었던 것이다. 특히 신종 코로나바이러스 감염증은 사람들로 하여금 더 많이 그리고 더 자주 전염병에 걸리게 만든다.

비록 COVID-19 비상 사태가 끝나기는 했지만 개인의 면역력 뿐만 아니라 사회 전반에 영향을 미쳐 그 결과가 계속해서 연쇄적 동심원을 그리고 있다. 스트레스가 증가한 결과 나타나는 여러 가지 징후를 우리가 겨우 알아차리기는 했으나 우울증, 불안 신경증, 외상 후 스트레스 장애 등이 현저히 늘어나는 현상은 인류가 무드나 불안증이 초래하는 제2의 유행병에 직면할 낌새를 보인다. 노인들의 각별한 주의를 요한다.

나이는 스트레스에 대한 방어력을 무지러뜨리지만 다행히 스트레스를 이겨 내는 강력한 힘을 부여하기도 한다. 미시간 대학에서 2021년에 실시한 연구 결과에서는 50~80세에 드는 사람의 65퍼센트가 자신들의 정신 건강을 '특히 좋다'나 '아주 좋다'고 평가했다. 전해에 수행된 미국 은퇴자 협회의 조사에서 40대의 40퍼센트가 아주 심한 스트레스를 받는다고 답변한 것에 비추어 보면 노인들의 다시 일어서는 힘이 강하다는 것을 알 수 있다.

나이 든 사람은 젊은이에 비하여 훨씬 값지고 풍부한 자산을 가지고 있다. 긴 세월을 보내며 쌓은 경험으로 자잘한 일에 잘 대처한다. 자인 능력을 터득하여 위험·곤란·중요성 등을 제때에 충분히 인식하고, 잡다한 삶의 요구에도 쉽사리 타협한다. 시간 전망에도 밝아 '세월이 약' 이라는 사실을 믿고 무슨 일이든 큰 틀에서 길게 본다.

삶에서 중요한 것에 초점을 맞추어 사소한 문제에는 마음 상할 가치가 없다는 사실을 인정하고 거기서 곧잘 벗어난다. 가까운 친구나 가족과의 관계에 정신을 쏟는다. 밀접한 관계에 있는 사람들과는 설사 불화가 생기더라도 부정적인 시각으로만 보지 않는다.

스트레스를 주는 상황에서 벗어나는 데에 익숙하다. 실험실에서 똑같이 불편한 상황에 노출시켰을 때 젊은이들은 큰 반응을 보이는데 노인들은 스트레스를 받지 않았다고 했다. 노인들이 삶에서 얻은 대처 방법으로 스트레스 상황의 발생을 애초에 막아 버린다는 연구의 결과도 발표되었다. 자동차 운전 면허증은 유용한 신분증인데, 미국에서는 80세가 넘으면 매년 갱신하게 되어 있다. 그때면 간단한 정신 및 신체 검사를 받아 자신의 상태가 얼마나 변했는가를 알 수 있어서 좋다. 게다가 수수료도 면해 준다.

반세기 전부터 스트레스에 관한 연구가 수행되어 그에 대처하는 방법도 여러 가지다. 날마다 첫번 일로 잠자리를 말끔히 치우면 자기가 마음대로 할 수 있는 일을 했다는 느낌으로 하루를 시작하여 편안하게 보내는 데에 도움이 된다. 아침을 먹을 때는 감사와 함께 음식을 즐기고, 그날 할 일을 계획하지 않는다. 범사에 감사하면서 산다. 걷기나 운동이 좋은 스트레스 해소책으로 권장된다. 스스로에게 만족감을 주는 자원 봉사도 아주 좋은 방법이다. 마음을 챙기는 요가는 수련의 효과가 과학적으로 증명되어 학자들이 널리 권장한다.

반거충이

뉴멕시코 주의 중심부에 위치하고 있는 앨버커키는 주에서 가장 큰 도시로 해발 1,600미터 고지 사막에 형성되었다. 햇볕이 쨍쨍 내리쬐는 날이 한 해에 300일이 넘고, 맑고 상쾌한 공기에 한란의 차이도 심하지 않아 천혜의 요양지로 알려졌다. 항생제가 없던 시절에는 폐결핵 환자들이 찾던 곳이고, 지금은 직임에서 물러나거나 사회 활동에서 손을 떼고 한가히 지내려는 사람들이 찾아오는 곳이다. 거대한 샌디아 산맥이 북동쪽을 감싸고 있어 거기에도 오솔길이 많지만 시가지도 널찍하여 많은 사람들이 걷는 것을 본다.

정년 퇴직하고 서둘러 미국으로 옮아와 자리 잡은 곳이다. 정년을 맞이하면 자연과 어울려 유유자적하자고 마음 먹었던 나에게는 야외 풍경을 한가하게 즐기면서 조화롭게 살기에 더할 수 없이 알맞았다. 집에서 채 5분도 걸리지 않는 곳에 중등 학교 7년 과정의 명문 사립 앨버커키 아카데미가 있다. 울타리를 따라 한 바퀴 돌면 4.8킬로미터다. 교내의 넓은 땅에는 선인장, 국화과 쑥속의 세이지 브러시, 비름속의 잡초 텀블위드 등이 무성하다. 누구나 마음대로 드나들 수 있게 울타리 곳곳을 뚫어 놓아 산책로도 많고, 봄가을에는 크로스컨트리 경주가 열리기도 한다. 자연 환경에다 남아도는 시간이 자연스럽게 이끌어 사시 장철 산책하면서 살기로 작정했다.

아카데미 안 산책로를 걸으면 코요테, 토끼, 로드러너, 메뚜기 등 몇 가지 동물들이 눈에 띈다. 메뚜기는 어릴 적 행복했던 시절을 떠올린다. 사람을 보면 쏜살같이 뛰어 달아나는 로드러너는 전에 못 본 희한한 새였다. 미국산 두견이과의 새인데 부리에서 꼬리까지가 50~60센치미터이며, 검은 바탕에 흰점으로 얼룩지고 긴 꼬리와 긴 다리에 도가머리를 지니고 있다. 날 수도 있지만 공중에 오래 떠 있지는 못하며 이름 그대로 땅 위를 잘 달린다. 미국 남서부와 멕시코 북부 넓고 평평한 사막 지대의 덤불에서 살고, 일부 인디언 부족들이 악령의 재앙에서 자기들을 보호해 준다고 믿는 새다. 1949년에 뉴멕시코 주를 상징하는 새로 지정되어 사람들의 사랑을 받는다.

아카데미 울안에 무성하던 잡초가 계속되는 가뭄으로 자라지 못해서 메뚜기를 보기가 어려워져 버린 때였다. 로드러너들이 주택가 길거리에서 한두 마리 눈에 띄기 시작하더니 차츰 수가 늘어 자주 보였다. 뒷마당에서 서성대기도 하고 생쥐나 도마뱀을 입에 문 채 찻길을 건넌다. 살던 곳을 버리고 주택이 밀집한 곳으로 몰려든 것이 분명한데 먹을 것은 충분할까 볼 때마다 궁금하면서 안쓰럽다. 기상의 악화가 한층 심해진 2022년에는 길거리에서 새끼와 함께 차를 피하는 모습도 가끔 볼 수 있었다.

다 녹지 않고 남은 이른봄의 눈이 얼어서 희끗희끗한 샌디아를 바라보면서 산책하던 2월 중순이었다. 로드러너 한 쌍이 오래된 집의 창턱에 앉아서 햇볕을 쬐고 있지 않는가. 드라이브웨이에는 노부부가 녀석들을 위해 내놓은 모이통과 물통이 늘 놓여 있다. 차도에 연한 인도와도 조금 떨어지고 오가는 사람들에 익숙한 탓인지 나를 보고도 달아나지 않고 그대로 앉아 있었다. 다음 날부터는 녀석들이 보이지 않거나 한 마리만 앉아 있어서 보기 드문 모습을 잡으려고 산책 때마다 카메라를 들고 다녔다.

카메라는 그것이 없이도 볼 수 있게 해주는 기계다. 그리고 사진 촬영은 우리가 애지중지하는 장소나 희귀한 동물을 안전하게 지키는 데에 요긴한 일이다. 사진이 아주 흔한 세상이지만 개중에는 사람에게 깊은 감동을 주고, 긴박한 문제를 알아차리는 데에 도움이 되며, 이전에 가 본 적이 없는 곳으로 여행하게 만들어 주는 것도 있다. 한 장의 사진이 천 마디 말의 가치가 있다고 했다. 나는 학생들을 가르치는 데에 동물 병리 조직학 슬라이드를 많이 이용했다. 그러다 보니 아름다운 곳이나 유명한 곳 또는 보기드문 동물 등을 사진을 찍어 슬라이드로 만들어 보관하는 습관이 들었다. 요즘에는 좀처럼 카메라를 들지 않는 터에 2월이 끝나가던 때 창턱에 앉아 있는 로드러너 내외를 카메라에 담을 수 있었다.

뉴멕시코 매거진은 내가 여기 와 자리 잡은 2007년부터 구독하기 시작한 월간지로 해마다 주의 경치, 동물, 야경, 인물 등의 사진을 공모하여 우수작을 선정한다. 지구의 심한 기후 변화에 많은 사람의 관심이 집중되어야 한다는 생각에서 그것에 크게 영향을 받은 것이 분명한 로드러너의 사진을 2024년도 사진 공모에 제출했다. 사진은 그러나 심사의 대상에도 들지 못했다. 새로운 곳이나 광경을 포착하거나 미적 가치와 그 실현에 결정적 역할을 해야 할 기술적 활동이 심사 수준에 미치지 못했던 탓으로 볼 수밖에 없었다.

그 일이 나를 차분히 돌아보게 만들었다. 일을 성의 없이 대충하는 것을 건성이라고 하며 배우던 것을 못 다 이룬 사람을 반거충이라고 하는데 내가 반거충이이었다는 생각을 떨쳐 버릴 수가 없었다. 계속해서 쓰고 있는 수필도 그렇다. 한 편을 끝낼 때마다 문학 작품으로서의 예술성을 제대로 갖추었는지 확신이 서지 않는다. 그럼에도 불구하고 날마다 홀로 책상에 앉아 생각하고 글을 쓰는 것이 버릇이 된 지 이미 오래고, 쓰는 과정에 새로운 것을 많이 배우는 재미가 걱정을 덜어 준다.

시간 활용

　태양의 둘레를 도는 지구는 자체의 직경을 축으로 하여 스스로도 돈다. 한 번 자전하여 한 낮과 한 밤을 주기로 하루를 이룬다. 그 하루를 24등분하여 하나 동안을 나타내는 것이 시간이다. 시간은 시각과 시각 사이의 간격, 또는 그 단위를 일컫는 말이다. 사물의 변화를 인식하기 위한 개념이며, 과거·현재·미래로 이어지는 명백히 불가역적인 연속상에서 발생한다.

　우리는 시간의 흐름 속에 있으며, 시간이 바로 우리 자신이다. 모든 사람에게 평등하게 주어지며 끊임없이 지나가는 시간이다. 마치 흐르는 물과 같아서 시간을 세월이라고도 하고 광음이라고도 한다. 그냥 주어지는데다가 저절로 지속되며 볼 수도 없어서 낭비하기 쉽다. 하지만 언제일지는 몰라도 사람에게는 타고날 때 이미 죽을 날이 정해진다. 일정한 시간의 한계가 붙는 시한부 인생이다.

　많은 선인들이 시간을 아끼라고 일렀다. 의도醫道의 기초를 확립한 고대 그리스의 의학자 히포크라테스는 뛰어난 예술품을 창조하는 데는 긴 시간이 걸린다는 뜻으로 '예술은 길고, 인생은 짧다.'

는 금언을 남겼다. 후세의 뛰어난 예술가들이나 작가들이 그 말을 되풀이하는데, 로마의 철학자요 극작가였던 세네카는 시간이 마치 무한정 있는 것처럼 행동하는 것을 경계하면서 '우리에게 주어진 인생이 짧은 것이 아니라 우리가 짧게 만들고 낭비하는 것이다.'라고 했다.

세월은 쏜살같이 달려 사람을 기다리지 않는다. 삶을 사랑하거든 시간을 하나도 이로울 것 없이 소모하지 말라. 가버린 시간은 결코 되찾을 수 없다. 시간 아끼기를 금 아끼듯이 하라 [惜時如金]. 영어 사전 랜덤 하우스에서 단어 time을 찾으면 첫머리에 '시간은 곧 돈이다.' 라는 속담이 씌어 있다. 시간은 돈으로도 못 산다. 돈은 없으면 벌면 되지만 한 번 가버린 시간은 다시 오지 않는다.

한편 시간은 많은 일을 해결해 주기도 한다. 때의 흐름을 나타내어 흔히 시간이 지나면 아픔이 가라앉을 것이라고 한다. 그 문제는 시간이 해결해 줄 것이라고도 하고, 결과가 뻔하여 일정한 시간이 주어지면 해결될 문제를 시간 문제라고 한다. 시간은 노여움을 해소해 주는 약이다. 시간을 벌어 여유를 가지면 오해가 풀리고 원한이 사라지며 고통도 가라앉고 슬픔도 줄어진다.

변해 버린 세상이 자기 본래의 바른 정신을 차리기 어렵게 한다. 모두들 바삐 돌아가기 때문에 한가한 사람을 보기 힘든다. 바쁘게 뭔가를 해서 뭔지를 얻어야 한다는 강박 관념에 사로잡힌 것이다. 일이 많거나 급하여 시간적인 여유가 없다는 뜻의 '바쁘다'를 입에 달고 사는 사람이 많다. 사는 데는 우리의 활동, 행위, 보살핌을 필요로 하는 일이 많아 시간과 노력을 들일 가치가 있는 일을 한꺼번에 떠맡아서 잠시도 쉴 겨를이 없을 수도 있다.

반면에 일이 많아서가 아니라 마음이 바쁜 경우도 많다. 과거를 잊지 못하고 미래를 미리 당겨서 걱정하는 사람들이다. 휴가를 즐길 줄 모르고 일거리를 들고 휴가를 가는 사람들이다. 쉬자고 작정하고 가서도 수영장 모서리에 앉아 머릿속으로는 돌아가서 할 일들을 생각하고 있다. 아무 것도 하지 않는다고 칭찬 받는 경우가 거의 없기 때문에 휴가를 보내면서 일하고 있는 체한다.

그러나 우리가 느끼는 분주함은 세상이 변한 탓도 있지만 곰곰 생각해 보면 주의를 다른 데로 돌리는 수단 즉 타인을 피하고 친밀한 교류를 피하며 자신을 피하는 것인 경우가 허다함을 알 수 있다.

인간은 사회적 동물이어서 여러 형태의 사람들이 집단적으로 모여 질서를 유지하며 살아간다. 공동 생활을 영위하기 위해서는 약속 시간을 어기지 않고 미리 정한 한정된 기간도 지켜서 남에게 피해를 주지 않는 바른 자세를 취해야 한다.

바쁜 세상을 무난히 살아가려면 시간을 창조적으로 활용하는 지혜를 터득할 필요가 있다. 내가 가지고 있는 시간, 내가 활용할 수 있는 시간은 지금 이 순간인 현재 뿐이다. 현재는 동작이 지금 행해지고 있음을 나타내는 명사다. 꾸준한 노력 끝에 뛰어난 업적을 남긴 사람들은 자기가 가지고 있다고 확신할 수 있는 최고의 선물이 바로 현재의 순간임을 인식하고 거기에 온 정신을 기울여 열중한 사람들이다. 당장에 하고 있는 일에만 집중하는 놀라운 능력을 가진 사람들이다.

무슨 일이든 코앞에 닥치기 전에 미리 끝내면 시간에 쫓기지 않을 수 있다. 시간을 조용히 기다리는 법을 배울 필요도 있다. 조바심을 치지 않고 시간을 기다려 자연의 추이에 맡기면 세상 만사가 질서 정연하게 돌아간다. 지금 이 순간을 귀중하게 여기고, 짬을 내서 하루에 단 몇 분이라도 마음을 위해 써야 한다.

명상과 같은 영적 활동을 할 수 있는 시간을 내기가 어려운 것은 사실이지만 그것은 그만한 가치가 있는 일이다. 프랑스의 철학자 파스칼은 인간의 모든 불행은 고요한 방에 들어앉아 휴식할 줄 모르는 데서 비롯한다고 했다. 정년 퇴직한지 거의 20년이 되는 나는 지금 아주 느긋해져서 할 일이 많지 않은 것을 만족스럽게 여기며 산다. 그래도 때가 정해진 일을 반드시 미리 끝내는 오래 전부터의 습관은 없어지지 않는다.

이미 써먹은 말

오십여 년에 걸친 오랜 세월의 규칙적인 생활에서 은퇴하는 것은 여간 큰 변화가 아니었다. 한 가지 부문을 전문적으로 공부하고 연구하면서 일생을 교육에 바친 나는 아주 자연스러운 길을 걸었다고 할 수 있다. 이제부터는 내가 하고 싶은 일만 할 수 있겠구나 싶어 시간을 어떻게 쓰면서 제2의 삶을 보람 있게 살 것인가 생각했다.

퇴직하고는 바로 미국으로 옮겨와 건강을 유지하면서 보람차게 사는 방법이 무엇인가를 찾기 시작했다. 다행히 더할 나위 없이 좋은 자연 환경과 남아도는 시간이 고요 속에 살게 해주었다. 독서가 나를 글쓰기로 이끌어서 2012년 《미주문학》에 수필로 등단한 이래 계속해서 글을 쓴다.

어린 시절이 생각난다. 고향 산천이 그리워진다. 팔십 평생을 편하게 해주시고, 글을 쓸 수 있게 해주시는 하느님께 감사하는 마음이 든다. 지난 날을 돌아보면 슬픈 일보다 기쁜 일이 더 많았고, 잘못한 일이 잘한 일보다 더 많았다. 여러 나라를 방문해서 본 정경들이 눈앞에 아른거린다. 긴 여행을 마치고 안식처에 들 날이 얼마 남지 않은 나그네가 지나온 날들을 돌아보면서 시름을 달래고 있다고 할까.

　수필을 쓰면서 느끼는 일이 한두 가지가 아니다. 한 편을 끝낼 때마다 창작물로서 예술성을 제대로 갖추었는지 걱정된다. 게다가 내 글은 인용문 천지다. 재직중에 논문을 여러 편 발표했는데, 과학 논문에서는 자기가 얻은 결과를 증명하기 위해 이미 발표된 다른 논문의 결과를 반드시 인용하여 설명해야 한다. 전문적인 학술지에서는 엄격한 심사를 거쳐 논문을 실어 주는 바람에 기준에 미치지 못하여 거절 당하는 수도 있다.

　그러나 창작물의 경우에는 여러 가지 이유로 학술지에서와 같은 심사를 거치지 못한다. 그래서 인용은 흔히 관행을 따른다. 오래 전에 중국 당나라 때의 문인이며 정치가였던 한유 (768~824) 는 옛날 사람에게서 배우려면 그 정신을 본받아야지 [師其意] 그 말을 본받지는 말아야 한다고 [不師其辭] 일러 주었다. 우수한 전통을 계승하되 표절과 답습을 하지 말라는 것이었다.

　미국에서 태어나 영국에 귀화한 시인이며 비평가 티 에스 엘리엇 (1888~1965) 은 미숙한 시인은 모방하고 원숙한 시인은 훔친다고 했다. 러시아 태생의 미국 소설가 블라디미르 나보코프 (1899~1977) 는 창작 행위를 일종의 표절 행위로 간주했다. 캐나다의 문예 비평가 노드롭 프라이 (1912~1991) 는 모든 문학 작품의 원형 元型은 신화이기 때문에 문학의 연구에는 원형과 연관되는 논리가 적용되어야 한다는 원형 이론을 주장했다. 원형을 몰라 겉으로 보이는 것만 어설프게 따라 하게 될 가능성을 경계하는 말이다.

중세의 서적을 두루 섭렵한 이탈리아의 기호학자 움베르토 에코 (1931~2016) 는 이 세상의 책들은 그 전에 나온 다른 책들을 참고하고 있어서 나오는 이야기는 모두 이미 말해버린 이야기의 반복이라고 주장했다. 구약 성서는 지금 있는 것은 언젠가 있었던 것이요 지금 생긴 일은 언젠가 생겼던 일이라 하늘 아래 새 것이 있을 수 없다고 한다 (전도서 1:9). 거기서 생긴 속담이라고 생각되는 '해 아래 새 것이 없다.' 는 완전히 독창적인 것이란 없으며 무엇이든 그 근원이 있음을 뜻하는 말로 쓰인다.

말이나 글은 일상에서도 자주 인용된다. 아랍어 마크툽 maktub 은 종교적인 의미에서 '그건 내가 하는 말이 아니라 이미 씌어 있는 말이다.' 라는 뜻인데, '어차피 그렇게 될 일이다.' 라는 뜻으로도 쓰인다. 신의 섭리를 은유하는 말로 섭리를 받아들이고 체념할 때 자주 쓴다.

어린이들이 부모를 모방하면서 말을 익히 듯이 남 하는 대로 따라 하는 사이에 어떤 습성을 붙이는 것을 배운다고 한다. 사람은 보거나 듣고 따라 할 뿐만 아니라 따라 하는 것을 기반으로 새로운 것을 창조한다. 프랑스의 사상가이며 사회학자였던 장 보드리야르 (1929~2007) 는 모방과 복제를 기초로 새로운 원본을 창출하는 힘을 '시뮬라크르' 라고 명명하고 하늘 아래 새 것이 없는 것처럼 완전한 창작품은 없다고 역설했다. 지금은 원본과 복사본의 경계가 모호해서 많은 복사본이 원본을 대체하는 시대라고 해도 과언이 아니다.

남의 말이나 글을 자신의 말이나 글 속에 넣어 설명하는 데에 쓰는 것이 인용인데 인용했다는 표기도 없이 다른 사람이 쓴 것을 통째 옮기는 행위가 종종 학위 논문에서 드러나 말썽을 일으킨다. 시나 글 또는 노래 등에서도 다른 작가의 문체, 개념, 사고, 사상, 표현 등을 부당하게 취하여 자기의 창작물인 양 발표하는 일이 발생한다. 유명한 연예인이 남이 입은 옷을 똑같이 만들어 입어 말썽이 된다.

내가 쓰는 수필은 그 내용의 대부분이 남이 이미 써먹은 말로 이루어진다. 설령 어쩔 수 없는 현상이라고 할지라도 과연 옳은 일인지 의문이 든다. 다만 인용하는 방법을 철저히 지키면서, 선인들의 뜻 따르되 거기서 얻은 것에 대하여 사색함으로써 일어나는 감흥을 표현하려고 애쓴다. 선대로부터 물려받은 값진 문화 유산을 이어받아 시대에 맞게 변화시키고, 표절이나 답습을 하지 않는 것은 현재를 사는 우리의 몫이다.

일과

사람이 하는 일을 크게 두 가지로 나눈다면 첫째는 날마다 하는 판에 박힌 활동이고 둘째는 자신에게 필요한 어떤 일을 목적을 가지고 거의 매일 하는 일이다. 일상적이어서 둘 다 일과라고 하지만, 모든 사람이 하는 전자는 좀처럼 변하지 않는 반면 후자는 융통성을 띈다.

사십 여 년의 세월을 보낸 학교에서 정년 퇴직한 후 육십 년 넘게 산 곳을 뒤로하고 타국에서 산다. 처음에는 어려움이 없지 않았으나 자리가 잡힌 뒤에는 편해져서 여유롭고 자연스럽게 살자고 마음먹고 노력을 기울인다. 주변 환경이 자연을 접하며 살게 하고, 생활의 간소화가 삶의 질을 향상시켰다. 무엇보다 남아도는 시간을 마음대로 쓸 수 있다는 사실이 나를 흡족하게 해주었다.

재직 중에 꽤 많은 논문을 쓰고, 가끔 대학 신문이나 영자 신문인 The Chonnam Tribune에 느낀 바를 써서 싣기도 한 나다.

시간을 들여 읽다가 어떤 것이 문득 떠오르면 쓰는 일이 아주 자연스러워 내게는 이치에 닿지 않거나 정도에 지나치지도 않는다. 겨우내 잔뜩 움추렸다가 맞이한 봄날이 너무도 화창해서 지팡이 하나 챙겨 들고 무작정 길을 떠나 보기로 했다.

응모한 몇 편의 수필 원고 중에 '몽당비'가 ≪미주 문학≫ 신인상에 당선되었다는 소식이 왔다. 칠십이 넘은 나이에 평생을 과학자로 사는 동안 수필에 대해 따로 배운 적도 없어서 작가의 자리를 떳떳이 지킬 수 있을지 은근히 걱정되었다. 하지만 별 뾰족한 수도 없어 쉬지 않고 읽고 쓰자고 마음을 독하게 먹었다.

젊을 때와는 달리 몸과 마음의 건강을 위해 각별히 신경 쓰지 않을 수 없었다. 가까운 곳에 있는 노인 회관의 탁구 클럽에 들어 규칙적으로 운동하기 시작하고, 그것이 없는 날은 걸었다. 똑같은 일을 계속하는 데에는 인내심이 필요하다. 게을러지지 않기 위해서 산책길에 뒤로 걷기도 한다.

환절기를 그냥 지나치는 일이 없고, 조금만 색다른 음식이 들어가도 말썽을 부리는 속앓이에 아주 오랫동안 시달리던 나였다. 일상의 관심을 양생에 두고, 그 때마다 내과의의 도움을 받거나 민간약을 써서 속을 다스렸다. 정년을 앞둔 해의 여름에는 아주 심해서 위와 장의 내시경 검사를 받았더니 대장에서 조그마한 암덩이 하나가 발견되었다. 초기의 암이라 수술로 떼어내 버리고는 정기적으로 대장 내시경 검사를 받는다. 정년 뒤 마음대로 시간을 쓰면서 하고 싶은 일만 하면서 산다. 섭생에 더 많이 유의하고 운동도 규칙적으로 하지만 속앓이는 여전했다. 그런데 우연히 공복에 물을 두어 컵 들이키면 몸에 좋다는 말을 듣고 아침에 일어나는 대로 물을 데워 마시기 시작했더니 속앓이가 거짓말처럼 없어졌다.

왼쪽 눈 바로 위의 이마에 조그만 흉터가 있는데, 어렸을 적에 어머니가 나를 업고 부엌에서 일하시던 중 가만 있지 못하고 빠져 나올려고 몸살하는 것을 엉겁결에 식칼을 든 손으로 막으려다가 생긴 것이다. 속앓이로 고통스러울 때마다 이겨낼 수 있는 방안이 생겨 일상 생활에 큰 지장은 없었다. 대장암 덩어리를 초기에 발견하여 떼어냈다. 그리고 지금 나는 아버지나 형님이 사신 것보다 25년을 더 살고 있다. 어떤 신비스런 힘이 언제나 내 옆에서 나를 돕고 있다는 느낌을 받는다.

전에 국선도와 요가에서 익힌 호흡이며 몇 가지 자세를 취하여 정신을 집중하는 일은 쉬지 않는다. 명상가들은 자기 나름대로의 테크닉을 사용한다. 가장 중요하여 일반적으로 사용되는 것이 호흡이다. 단전 호흡을 계속하다 보니 매너리즘에 빠져 수행 중에 나도 모르는 사이에 자꾸 헛된 생각에 빠지고는 했다.

탄트라에서는 들이쉬기 전과 내쉬기 전에 호흡이 정지되는 순간이 있으며, 그 순간을 주시하고 유의하면 정지 간격을 느낄 수 있다고 가르친다. 아주 짧은 두 극점을 느끼는 간단한 테크닉인데, 자각된 상태에서 두 호흡 사이의 틈 즉 정지 간격을 지각하면 축복을 받고 은혜를 입게 된다고 강조한다. 실행해 보니 잡념이 덜 생겨 호흡과 의식이 하나가 되는 데에 도움을 준다. 몸에서 일어나는 좋은 쪽으로의 변화도 감지된다. 가끔 제3의 눈이라고 알려진 미간에도 정신을 집중한다.

하루하루를 어떻게 보내느냐에 따라 삶이 달라질 수도 있다. 조용한 곳에 가부좌하고 눈을 감은 다음 숨을 아주 천천히 들이쉬고 내쉰다. 모르는 사이에 분명 잘못을 저질렀을 것이라 믿어 하느님께 먼저 저의 죄를 사하여 주시고, 오늘 하루도 잘 지낼 수 있게 도와주시기를 간절히 빈다.

체념이나 수동적 태도가 아니라 나에게 일어나는 모든 일을 자연의 섭리에 속하는 것으로 받아들이면서, 주기도문을 외워 하느님의 나라와 사람이 마땅히 지켜야 할 바른 도리를 구한다.

일상의 모든 일에 감사하는 마음은 면역계를 건강하게 하고, 혈압을 낮추며, 심장의 기능을 좋게 만드는 작용을 한다고 알려졌다. 수면에도 도움이 되며 자존심을 높이고 불안, 스트레스, 울병 등을 낮춘다. 평범한 사람으로 일상 생활을 벗어나지 않게 해주시는 하느님께 감사 드리고 아울러 주위에도 감사한다.

이어서 고르고 잔잔하게 호흡하면서 침묵과 고요 속에 깊이 잠겼다가 깨어나 하루의 남은 시간을 보낸다.

적소

형편에 따라 살다 보니 타향살이를 일삼다가 끝내 이방인으로 살고 있다. 오래 전부터 사람에게는 저마다 자기가 살기에 알맞은 곳이 있는 것으로 알려졌다. 옛적 어른들은 생물의 생태계가 자연 그대로 유지되고 있는 곳에서 주위의 환경과 어울려 조화롭게 살 수 있으면 그곳이 바로 적소適所라고 했다.

호주의 북동부 산호 해에 면한 항구 도시 Townsville에 위치하고 있는 James Cook 대학교에 1970년대 중반 4년을 유학했다. 목양·목우의 중심지로 설탕과 쇠고기 등을 수출하고 있던 타운즈빌은 열대 지방이어서 한 해가 우기와 건기 반반으로 나뉘어 우기에 속한 성탄절에 기온이 40°C에 이르고는 했다. 맑고 바람 없는 밤에 기온이 갑자기 영하로 내려가면 공기 중의 수증기가 지면이나 지물의 표면에 닿아서 잔 얼음으로 엉긴 것이 서리인데, 그 지대에서 태어나 자란 사람들 중에는 눈은 고사하고 서리도 본 적이 없는 이들이 많았다. 하루는 아나운서가 사람들이 땅 위의 하얀 물질이 무엇인가 묻더라면서 아침 뉴스를 시작했다.

너무 다른 기후가 힘들게 만들기도 했지만, 목적하는 일을 기어코 기간 내에 마친다는 일념으로 참고 견디었다. 동남 아시아 개발 도상국에 대한 기술·경제를 원조하는 콜롬보 플랜에서 주는 장학금으로 열대 수의학과에서 석사 및 박사 과정을 거쳤다. 여러 사람의 도움으로 학위 과정을 성공적으로 마쳤다. 나를 가족처럼 대하던 몇몇 친구들과는 오십 년이 지난 지금도 연말이면 서로 소식을 전한다.

오스트리아의 비엔나 수의과 대학교에서 1989년 초 한 달 반을 보냈다. 수의학을 전공하는 학생들이 어떻게 교육 받고 있는지 직접 보려는 의도이었는데, 예상했던 대로 교육 방법은 우리와 사뭇 달랐다. 일상 용어가 독일어인데다가 풍습마저 크게 달랐다. 옆사람도 알아볼 수 없는 한겨울 컴컴한 아침 7시에 일을 시작하고 오후 다섯 시가 지나면 상점들이 문을 닫아 버려, 그 전에 볼 일을 마쳐야 했다. 주말이면 이탈리아며 스위스 등을 찾았다.

독일 뮌헨 부근의 다하우에는 나치의 강제 포로 수용소가 박물관으로 남아 있었다. 제2차 세계 대전이 끝나자 나치에 협력했던 오스트리아의 전범들은 감옥에 갇히고, 미영불소 네 나라의 군인들이 나라를 점령한다. 나라가 네 조각 날 조짐이 보이자 옥중의 전범들이 머리를 맞대고 그것만은 막자고 결의한다. 1955년에 마침내 오스트리아 국가 조약이 서명되기에 이르렀으며, 주권을 회복하여 영세 중립국이 된다. 감옥에 갇혀있던 전범들이 나라를 먼저 생각한 결과였던 것이다. 해방 후 우리는 왜 그러지 못했을까? 여러 가지 상황이 판이했을 것으로 짐작하면서도, 의문은 머리 속에 오래 남았다.

미국의 오레곤 주립 대학교에서 18개월 동안의 안식년을 보냈다. 대학촌 Corvallis는 나무가 아주 많아 가을이면 단풍으로 뒤덮였다. 시가지 화단의 나무나 풀뿌리를 나무 껍질로 덮는 곳이었다. 조용하고 깨끗했으며, 자동차의 문을 잠그지 않아도 되는 평화로운 도시이었다. 강의도 없는데다가 사회 생활도 단촐하기 마련인 안식휴가의 해는 연구하기에 안성맞춤이었다. 수행하던 연구가 미처 끝나지 않아 기간을 연장해 가면서 상당수의 논문을 출판할 수 있었다. 미리 구상해 둔 연구 계획을 최신 시설과 장비를 이용하여 수행함으로써 수준 높은 결과를 얻었던 것이다.

정년 퇴직하고 다른 나라로 옮아 살 것을 예상한 적은 없었는데, 나이가 들자 자식들 곁에서 사는 것이 좋을 것 같았다. 딸 내외가 내 정년에 맞춰 옮길 수 있게 온갖 절차를 다 밟아 놓는 바람에 서둘러 광주를 떠 미국으로 왔다. 자리잡은 뉴멕시코 주의 앨버커키는 로키 산맥 끝자락에 위치하고 있으며, 사철 건조하고 햇볕이 강하여 오래 전부터 천혜의 요양지로 알려진 바람에 은퇴 생활을 즐기려는 사람들이 많이 찾는 곳이다.

뉴멕시코는 미국에서 다섯 번째 큰 주로 사철의 변화가 뚜렷하다. 주에서 가장 큰 도시 앨버커키는 시골 풍경을 많이 지니고 있고, 땅덩이에 비해 사람 수가 적으며, 사는 사람들이 순박하고 친절하다. 문득문득 어릴 적의 내 시골을 느끼게 한다. 여름 한낮이면 사람의 체온을 웃도는 기온에 숨이 막히기도 하지만 산들바람이

늘 불어 그늘에만 들면 시원하고, 해가 지면 급작스레 기온이 내려가 사람들이 기운을 되찾게 만든다.

태어나 자란 나주, 삶의 애환이 고스란히 서려 있는 광주, 그리고 지금 내가 살고 있는 앨버커키가 모두 북위 35도선에 위치하고 있다. 우연스러운 일은 아니라는 생각으로 자연 환경을 즐긴다. 인생과 세상을 좋고 즐거운 것으로 보면서 앞으로의 일이 모두 잘되어 갈 것으로 여기며 산다. 생각컨대 내가 적소에 든 것 같다.

맑고 고요한 곳에서 살면서 유연한 자세를 잃지 않으려고 마음과 힘을 다한다. 버릇처럼 되어 오던 제멋대로의 방자한 생각, 기필코 하는 일, 고집 부리는 일, 나를 자랑하거나 높이 평가하는 일들을 모두 끊어 버릴 수 있어서 좋다. 인간의 한계를 무시하고 자연 질서에 도전하거나, 만족을 모르거나, 앎의 한계를 모르고 과도한 확신에 사로잡히거나, 인간으로서의 분수를 모르는 등의 행동 거지를 조심하려고 노력한다.

제3의 눈

 직관은 판단이나 추리 등의 사유 작용을 거치지 않고 대상을 직접 파악하는 사고 능력으로 감각기에 의하여 직접 외계의 사물에 관한 구체적 지식을 얻는 것이다. 예리한 관찰력으로 사물을 꿰뚫어 보는 것은 통찰이라고 한다.

 척추 동물의 진화 초기에는 양미간에 눈과 비슷한 두정안頭頂眼이 있었는데 후대에 와서 내부로 들어가 분비선이 되었다. 그 송과선은 대뇌 밑 간뇌의 시상 상부에 있으며 쌀 한 톨 만한 크기의 내분비선으로 지각, 인지, 영적 교감 등을 관장하는 것으로 알려졌다. 프랑스의 철학자 데카르트가 사람은 육체와 영혼으로 구성되었음을 증명하면서 송과선이 정신의 근원으로 육체와 정신이 만나는 곳이라고 했다.

 랜덤하우스 영어 대사전에 실려 있는 단어 third eye (제3의 눈)에는 pineal eye (송과안) 를 찾아보라는 말과 함께 뜻은 intuition (직관) 과 같다고 설명되어 있다.

힌두 교도의 의학 및 장수 비결에는 송과선과 영적 경험 사이의 연관성이 언급되었고 고대 이집트의 문헌에는 송과선이 태양신의 상징으로 묘사되기도 했다.

요가에서는 사람의 몸에 여섯 개의 에너지 센터 (chakra) 가 분포되어 있고 각각이 내분비선과 연결되어 건강과 지각에 영향을 미친다고 가르친다. 그 중의 하나인 '제3의 눈 차크라'는 미간에 위치하며 뇌에 있는 솔방울 모양의 조그마한 송과선과 연관된다고 생각한다.

전 세계 여러 문화권의 예언자나 신비론자들은 송과선이 지혜, 통찰력, 영적 결합 등을 관장한다고 믿는다. 하지만 현대의 과학으로는 그것을 증명할 수 없어서 학자들은 송과선이 수면과 불면의 신체 리듬을 조절하는 데에 도움이 되는 기관일 뿐이라고 여긴다.

송과선은 눈의 망막에서 밝기에 대한 외부의 정보를 받은 다음 그에 따라 어두어지면 멜라토닌을 생산하여 방출한다. 나이가 들어 그 안에 석회질이 쌓이면 멜라토닌 생산이 줄고 수면 장애를 일으킨다. 수면을 유도하는 멜라토닌은 수면에 필수적이지는 않으나 체내의 수치가 높을 때 잠을 잘 잘 수 있다.

사람이 태어나 가장 먼저 하는 행동이 숨을 들이쉬는 것으로 세상을 이루고 있는 물질을 몸 안에 받아들인다. 이어지는 최초의 날숨과 함께 자신의 일부를 세상에 돌려준다. 호흡은 몸 속에서 끊임없이 움직이는 본질의 구성 인자이며 사람이나 동물의 생명을 지속하게 만들고 종지함으로써 생명의 종말을 고한다.

우주 공간의 기운과 사람 사이의 교량 역할을 하는 호흡 운동은 늑간근과 횡격막의 운동이며 주로 늑골의 운동에 의하여 행해진다. 들숨은 전신의 활동력을 높이는 교감 신경을 자극하고 날숨은 그 반대 작용을 하는 부교감 신경을 자극한다.

모든 일이 말썽 없이 예정대로 되어 갈 때 우리는 숨을 고르게 쉰다. 그러나 일이 잘 풀리지 않거나 어처구니없는 일이 벌어지면 숨이 거칠어진다. 들숨보다 날숨을 길게 쉬면 근심, 걱정, 스트레스의 해소에 도움이 되고, 들고 나는 숨에 정신을 집중하면 잡다한 생각들이 없어진다.

명상 테크닉의 요체는 마음을 과거나 미래로부터 현재로 돌리는 방법이다. 마음을 '지금 여기'에 두기란 결코 쉬운 일이 아니며 그렇게 하는 데에 가장 많이 사용되는 것이 호흡이다. 일상의 호흡은 늑골의 운동에 의한 흉식 호흡이다. 그러나 심신의 단련을 위해서는 횡격막의 신축에 의하여 아랫배를 내밀었다 당겼다 하는 복식 호흡을 익혀야 한다.

복식 호흡은 심호흡이어서 공기를 될 수 있는 대로 많이 폐에 드나들게 한다. 폐활량을 충분히 활용할 수 있도록 해주고 중요하고 기본이 되는 생명력을 가슴에서 아랫배로 내려 몸의 중심을 잡아 준다. 몸의 중심이 잡히면 마음이 안정을 얻어 육체적 및 정신적으로 편안하고 고요해 진다. 복식 호흡을 단전 호흡이라고도 한다.

단전은 배꼽 아래 약 5cm 되는 곳이다. 숨을 고르게 쉬되 배의 근육에만 의존하지 않고 숨과 함께 드나드는 기운에 의해서 자연스럽게 쉬면서 정신을 호흡에 집중하는 호흡이다. 들이쉴 때는 우주 공간에 가득 찬 청정한 기운이 몸 안으로 들어온다 생각하고 내쉴 때는 몸 안에 쌓인 탁한 기운이 나간다 생각한다. 명상가는 자신이 겪는 모든 사건과 경험을 가르침으로 받아들인다.

나는 우리의 정통적인 심신 수련법인 국선도를 연단하여 심신의 건강에 큰 도움을 받았다. 리듬에 맞춰 갖가지 동작을 취하면서 정신을 단전에 집중하는 수련이다. 수련을 끝내고 밖으로 나와 걸으면 몸이 가벼워서 날을 것 같은 느낌이 들기도 했다. 운이 좋아 국선도를 시작한 지 얼마 되지 않은 시점에 인도의 성자 Vethathiri를 만나 명상 기법을 배웠다. 상당한 부분이 국선도의 가르침과 동일해서 알아듣기 어렵지는 않았다.

국선도를 계속해서 수련하기는 쉽지 않다. 그러나 단전 호흡은 마음만 먹으면 언제 어디서나 할 수 있어서 지금도 꾸준히 계속한다. 베타티리 성자가 검지로 미간 제3의 눈 부위를 눌러 주면서 정신을 거기에 집중하여 진동이나 열기가 퍼지는 듯한 미세한 느낌을 맛보라던 오십여 년 전의 일이 어느 날 문득 생각났다. 편안히 앉아 숨을 고르게 쉬면서 양미간에서 일어나는 변화를 느끼려고 애쓰지만 느낌은 그저 가냘프기만 하다. 그래도 그 수련은 깜박 잊는 일을 줄여 주고 수면을 취하는 데에 도움이 된다.

한 조각의 천

　집에서 기르는 대표적인 여섯 가지 가축을 육축이라고 불렀다. 시골집 울안에서는 말과 염소를 제외한 소, 돼지, 닭, 개가 항상 우리와 함께 살고 있었다. 농사 짓는 데는 물론 집을 지키는 데에 또는 잔치를 벌이거나 손님을 접대하는 데에도 요긴하게 쓰이는 동물들이어서 생활에 큰 도움이 되었던 것이다.

　그 중에서 돼지는 우리 민족의 의식 속에 다산의 상징이나 재물을 가져다 주는 동물로 각인되어 있다. 매년 두 번 새끼를 낳았으며 그 때마다 아버지는 머슴을 시켜 산에서 황토를 져다가 돼지우리 주위에 군데군데 흙무더기를 만들어 놓고, 짚으로 새끼를 꼬아 대문에 금줄을 쳐 두었다. 황토는 성장이 빠른 새끼돼지에게 부족하기 쉬운 철분을 보충해 주고 금줄은 낯선 사람의 내왕을 줄여 출산으로 예민해진 어미가 놀라거나 새끼에게 병이 옮기는 것을 막아 주는 민간약이었다. 그래도 새끼들이 제법 자라서 우리 밖으로 나와 마당을 어슬렁거리다가 시들시들 죽어 버리는 일이 가끔 벌어져 안타까웠다.

넉넉하던 가세가 기울어 광주에서 중학교를 마치고 진학을 걱정하게 되었으나 다행히 이종형의 주선으로 응세 수의 고등 학교에 적을 두었다. 듣보기 힘든 사립 고등 기술 학교였는데 학비 전액을 면제해 준다기에 결정했던 것이다. 그런데 일 년 후에 학교가 문을 닫고 학생들은 광주 농업 고등 학교 축산과에 편입시켰다. 고등 학교 2학년 때 시작된 가정 교사 생활이 4년이나 계속되는 가운데 전남 대학교에 입학하여 수의학을 전공했다.

졸업 후 육군 통역 장교로 병역 의무를 마쳤다. 은사님의 권유로 대학원 석사 과정을 수료한 후 이내 조교로 발령되었다가 전임 강사로 승진하여 강의를 시작했다. 때마침 동남 아시아 개발 도상국에 대한 기술·경제 원조 계획인 Colombo Plan이 1973년에 장학생을 모집했다. 1950년에 스리랑카의 콜롬보에서 열린 영국 연방 외상 회의의 제안으로 이듬해에 발족한 그 플랜은 인적 자원 개발에 역점을 두고 후진국의 인재를 뽑아 선진국에서 양성하여 자국으로 귀환시키고 있었다. 시험에 합격하여 호주 유학을 가서 석사 및 박사 학위를 받았다.

수의학은 오래 전부터 존재했다고 할 수 있지만 내가 공부할 때는 비교적 생소한 분야였다. 그러나 젖소 등의 가축을 외국에서 들여오고 육류의 수요가 증가함에 따라 집단 사육법도 강구되는 등 나날이 변화했다. 끊임없이 분화하여 미국의 경우 현재 20여 개의 수의학 전문 분야가 존재한다. 수의학은 반려 동물, 외래 동물, 야생 동물, 산업 동물의 질병 치료 뿐만 아니라 예방, 위생, 사육을 연구하는 학문이다. 수의학 전공자들은 인축 공통 전염병의 예방과 방역, 환경 위생, 식품 위생, 생태계의 보존, 신약의 안전성 및 유효성 평가, 생물 공학 등 사람의 건강과 생명을 지키는 데에 필요한 다양한 분야에서 중요한 역할을 한다.

어렸을 때 본 새끼돼지의 질병은 전염성이 강하며 폐사율이 높은 돼지콜레라이었음을 알게 되었다. 유학을 가기 전에는 전남 지방을 비롯한 몇몇 곳에서 한우가 급사하는 질병이 발생하여 그 원인이 청산 중독이라고 했으나 확실히 밝혀지지는 않았었다. 멀쩡하던 소가 돌발적인 진전, 경련, 호흡 곤란 등의 증상으로 죽는데 부검에서는 특이한 병변이 발견되지 않는 질병이 도대체 무슨 병일까? 유학 중에 그 생각이 머리를 떠나지 않아 틈틈이 문헌을 조사했다.

혈장의 마그네슘 농도가 비정상적으로 낮은 상태를 저마그네슘혈증이라고 한다. 반추 동물에서 발생율이 높고, 멀쩡하던 동물이 갑자기 강직성 경련을 일으켜 비틀거리다가 호흡 곤란 상태에 빠져 폐사하는 율이 높은 질병이다. 우유만 먹여 기르는 송아지나 분만 후 젖을 많이 생산하는 암소에서 주로 발생하며 볏과 식물이 위주인 목초지에 방목하는 소에서도 나타난다. 유학을 마치고 돌아와 보니 소가 갑자기 죽는 일은 여전히 일어나고 있었다. 사육 환경이 열악한 농가에서 주로 발견되기에 가축의 종류와 사육 목적에 맞추어 필요한 영양분을 일정한 비율로 한데 섞어 만든 배합 사료를 먹이도록 권장하여 발생율을 현저하게 줄일 수 있었다.

강의에 어려움을 겪은 나머지 전문 지식을 체계적으로 쌓아야 할 것 같아 해외 유학에 뜻을 세우고 있다가 제대로 이루어져서 한 가지 부문을 전문적으로 공부하고 연구하면서 일생을 교육에 바칠 수 있었다. 전공과 직업이 괴리하여 고생하는 사람도 많은 터에 나는 행운을 만났던 것이다.

학문을 연구하는 사람의 존재 근거는 글이다. 유학 중에는 실험을 통하여 얻은 결과로 논문을 써서 출판한 실적이 있어 박사 학위 논문을 제출할 수 있었다. 재직 중에는 미국 오레곤 주립 대학교에서 안식년 기간을 연장하면서 연구에 몰두하여 유수한 국제 학술지에 상당수의 논문을 제출하여 출판했다.

사람은 누구나 배우기로 시작하고 배운 것을 다른 사람에게 전수하면서 살다 간다. 그래서 인생이 배움과 가르침으로 교직된 한 조각의 천에 비유되기도 한다. 나이 탓인지 가끔 지난 일을 생각하게 된다. 돌아보면 노력은 했으나 직분을 다했는 지 의문이고 가르친 것에 비하여 배운 것이 훨씬 많았다는 느낌이 든다.

저자 **이 정 길**

출생 1941. 12. 15.
전라남도 나주군 산포면 등수리 681
전남대학교 농과대학 학사 1959~63
육군 통역 장교 중위 1963~67
전남대학교 대학원 석사 1967~69
광주상업고등학교 강사 1968~70
호주 James Cook 대학교 대학원 석사, 박사 1974~77
미국 Oregon 주립 대학교 방문 교수 1989~91
전남대학교 농과대학 및 수의과대학 교수 1970~2007
미주문학 수필 등단 2012
전남대학교 명예교수
미주 한국문인협회 회원
편저 『유머의 미학』 전남대학교 출판부 2007
수필집 『평일에는 놀고, 주말에는 쉬고』 창조문학사 2017
　　　『삶은 계속된다』 동인출판문화원 2019
　　　『가장자리에 이른 늙은이의 수상』 전남대학교 출판문화원 2021
　　　『험난한 세상살이』 글빛문화원 2023

이정길 수필집 **날마다 하는 일**

2025년 1월 20일 초판인쇄
2025년 1월 31일 초판발행
지은이- 이 정 길
펴낸곳- 글빛문화원
등록 제2008-000007호 2008. 2. 15.
광주광역시 동구 문화전당로 15
Tel. 062- 571-6835
ISBN: 979-11-90590-47-1
정가 20,000원